天理教の信仰

岩井孝一郎
Iwai Koichiro

天理教道友社

序文

岩井君は二十一歳から入信し、ボイラーたきや風呂掃除の修養をして、その後、東《とう》本《ほん》二代会長の秘書としてきびしい仕込みを受けながら、夜は日本大学に通学した。その在学中に日本大学天理教青年会を創設し、さらに同大学に天理教講座の開設に成功するなど、実に大活躍をしている。そして卒業後は本部につとめて現在に至っている。

彼は未信者から入信しているために、未信者の気持ちがよくわかるし、また彼の言動は未信者から親しまれている。この特性を活《い》かして、常に未信者によく理解できるように、講演はもちろん、文書布教に専念し、これをもって、一生涯を貫いてこられているのである。

今回「天理教の信仰」を発刊したが、その内容は未信者が読んで天理教の全体がわかるように、必死の努力を払っていることが全文にあふれている。

最初の「天理教の人生観」の内容は、人間は誰《だれ》でも信仰している、人間は誰でもおつくしをしている、信心は窮屈《きゅうくつ》ではない、心と魂、徳と運命、その他彼一流の軽い筆致で記し、いつのまにか夢中に読まされてしまう。

教理篇に入ると、かしもの・かりもの、いんねん自覚とたんのうを読みやすくするために物語式に、しかも彼の伯母《おば》の入信記や自己の入信記等の実話をもって説明している。ひのきしんやおつくしの説明もさすがである。

また天理教と病気という問題についても、まず病気に対する親神様の親心をきわめてわかりやすく、たとえ話で説明し、病気に対するさとしについても、深い努力が払われている。

教祖《おやさま》のご生涯については、ご幼少時代から主婦時代、そして月日のやしろになられてからのことをはっきり示し、教祖のひながたに学ぼうとしている。なぜ教祖を月日のやしろと信じるのか、また、なぜ教祖は貧のどん底に落ちきられたかについて種々説き明かし、宗教家のきびしさにふれている。また一面、心一つで陽気ぐらしができることを、ひながたを通じて明らかにしている。

最後には、全人類のおぢば帰りの意義と天理教人の使命感を、すばらしい迫力と自信をもって、よふぼくならびに社会に訴えている。

よふぼくの方々が、この本を手にされたら、未信の方へすすめずにはいられないような気持ちになるであろう。

本書の内容には、そういう魅力がある。

昭和五十年一月

中山慶一

はしがき

私は毎月、教内はもちろん、全国各地のＰＴＡ、婦人会、工場など、いろいろの場所で講演をしていますが、その折、天理教はどんな教えですかとよく質問されます。

病人さんとか家庭に事情のある方には、具体的な事柄からお話しさせていただくので、やりやすいわけですが、健康であり、しかも家庭にも事情がないという方からの質問には、どこから話していいか、とまどいを感じることがよくあります。

全く天理教に関する知識のない方に、とっさにスラスラとお話しすることのむずかしさを、身をもって味わっていましたので、初めての方に読んでいただいて少しでも天理教の信仰がわかっていただけたらとの思いで、この本を書きました。

内容の順序も、初めての方にスラスラと読んでいただけるようにと努力しましたが、お話と違いまして、活字は冷たく堅いものですから、思うように書けませんでした。

しかしいつも、初めての方に読んでいただくのだ、また、この本がよふぼくの方のおにをいがけに少しでもお役に立てばと思いまして工夫しました。

最初は天理教の人生観として随筆風に書いて、その次は教理篇として教理の主なものを記し、わかりやすく読んでいただくために物語風に記した一文もあります。それから教祖《おやさま》の道すがらを私たちの日々の生活の中にいかに生かすかを、私なりに書かしていただきました。最後に信仰の角目《かどめ》として、親神様の理、元の理、原典、あるいはおぢば帰りのありがたさについて、ごく簡単に説明させていただきました。

初めての方々に多く読んでいただきたい、と心から祈るとともに、よふぼくの皆様のご協力を心からお願いいたします。

終わりに、お忙しい中から序文をいただいた中山先生と、出版に際してご協力をいただいた道友社西山氏に心から感謝いたします。

昭和五十年一月吉日

岩井孝一郎

もくじ

天理教の人生観

天理教の人生観

こんな喜び方もある

ご飯をいただくとき、神様や仏様に「いただきます」と感謝し、終わると「ご馳走《ちそう》さま」とお礼を申しあげる人は多いが、お礼や感謝の心をもって便所で用をたす人は少ないようです。

出るのが当たり前と考え、寒いのに厄介《やっかい》だなあとか、よい匂《にお》いではないが、しばらくの間だから我慢しようなどというような心で、用たしをしている人が大部分ではないでしょうか。

私は旅行する日が多く、列車の席に長時間座っているせいか、運動不足のためか、また何事にも出すことにおいてケチな性格からか、大便が十分に出ないときがありがちです。

だから楽々と十分に出たときは、思わずニッコリと顔はほころび、心は明るくなります。しかしもう一歩進んで、ご飯をいただくときのように「今日《きょう》は十分に出さしていただいて、どうもありがとうございました」と、心から親神様にお礼を申しあげるようになりたい、と常に思っていましたが、最近は自然に、それができるようになり喜んでいます。

外からと内からとの違い

ストーブにあたっている人、暖房設備のある部屋にいる人は、どんな寒い日でも暖かいものです。

しかし、その部屋から一歩外へ出るともうダメです。その暖かさは外からつけた暖かさであるからです。

山でスキーをしたり湖上でスケートをすると、これは身体《からだ》の芯《しん》から暖まります。重い物を持って一キロも歩くと、身体全体が汗ばんできます。この暖かさは内から湧《わ》いてきた暖かさです。

これなら長持ちするし、気持ちもよいものです。

これと同じように、一つの仕事をするにも、自分からするのと、人からいわれてするのとは大変な相違であります。

また、人生のさとりにしても反省にしても、人からいわれて、なるほどとさとるとか反省するのは、外からつけられたものです。これも結構ですが、自分自《みずか》らさとり、また反省することは、内から自然にしたことになり、このほうがはるかによいと思われます。このほうが得心ずくですから、つらいことでも喜べるのではないでしょうか。

注射よりも牛乳

もう水もノドを越さない、やむを得ず高価な栄養剤を注射して何とか体力をもたしている重病人をお見舞いしたことがありますが、あれだけ太っておられたのに、その変わり果てた姿を見て、何ともいえずお気の毒でした。

ちょうど注射の時間と見えて、医師と看護師によって注射が行われていましたが、続けていても、自然に体力を失うということでした。

「こんな高価な注射よりも、患者の口から牛乳の一本でもいい、グッと飲んで、内臓の働きによって栄養を身につけるほうが、はるかに効果があるのです」

との医師のお話を聞いて、私はなるほどと思いました。

たとえ一万円の注射でも、それのみでは死が訪れる。五十円の牛乳でも口から入ってゆくなら生命が保たれることを思うとき、私たちが毎日、何の気なしにたくさんの食物をいただき、しかも、おいしいの、まずいのなどといっているのは、まことにもったいない話であります。

その食べた物は、私たちが意識しないのに、順序よく正しく消化され、いつの間にか正味とカスに分けられて、一方は体内の栄養となり、一方は身体の外へ出される。これは人間の力でやっているのではない、全部親神様のご守護によるもので、お礼の申しあげようのない、ありがたいことであります。

誰でも信じている

私は信心はきらいや。姿形のない神や仏を信心することはばかばかしいことだ。そんなことは年寄りのすることだと、割りきっておられる若い人たちをよく見受けます。

しかし、はたして人間が信の全くない世界に生きていられるのでしょうか。

そうした青年の姿を見ていると、なるほど、神様や仏様は信じていないけれど、ほかのことを信じていることが多いのに気づいていないのです。

何といっても世の中は金だ。金さえあれば相手は頭を下げてくれる。金の力は絶対だといいます。たしかに金には力があり、便利なことも事実です。

しかし、金さえあれば大丈夫だという、その信念・心は、実は金を信じているのです。

権力の大好きな人は、権力が絶対だと信じているわけでありましょう。

いや私は、金も物も、権力も、神も仏もたよってはいない。人にもたよらない。自分だけを信じているのだという人がありますが、これは少なくとも自分の力を信じている人です。それさえ信じないという青年がありましたが、その人に対して私は、

「君のお父さんは本当のお父さんじゃないとのことだが、やはり時には、むずかしい義理や心遣いをして苦しいだろうね」

と試しに聞きましたら、彼は顔色を変えて、

「誰《だれ》から、そんなばかばかしいウソを聞いたんですか。けしからんことをいう奴《やつ》がいるもんだ。僕の父母は本当の両親です。絶対間違いありませんよ」

と主張してきましたので、

「それごらん。君は自分の両親は絶対本当の親だと信じているではないか。君だって信ずる世界に生きているのだよ。今の言葉がその証拠だ」

と申しましたが、この青年も決して信の世界からはずれていません。

私たちが夜、何の不安もなく寝られるのも、朝になれば必ず目が覚めるということを信じきっているから、平気で眠れるのです。

これがもし、午前五時にちゃんと目覚めないと、そのまま永久に目が覚めないことになっていたら、とても安心して眠ることはできないでしょう。そんなことは絶対にないと信じるから、平気で眠れるのです。

私は信仰生活を非常に広く考えて、今申しあげたようなこと一切を入れて、人間は信じているのだ、信仰しているのだと考えています。

そのいろいろの信の世界の中で、もっともすばらしい信仰生活が、神様や仏様を信じている生活だと思っています。しかし、

「そんなことといったって、世の中、一寸先は闇《やみ》だ。いつ何時、事故にぶつかるかもしれない。ぶつからんうちからアレコレ心配する奴はばかだ。ぶつかったら、それはその時でいいじゃないか。明日なんか信じられない。信じられるのは今日だけだ」

と、こうした人生の歩みをしている人たちもあります。この姿は第三者から見れば、

元気のよい、はつらつとした勇ましい歩み方で、魅力がたっぷりあるように見えますが、よく考えてみますと、いつ何時、どんな危ないことにぶつかるかわからんという不安があることは否定できません。

一方、同じ人生を歩むにしても、宗教を信じる人たちは、それぞれの教理を、あたかも懐中電灯として前後を照らしてゆくようなものです。あー、ここに石があった、危ないからよけて行こう。あそこに大きな穴があいている、少し遠回りになるが左へ回って行くことにしようという具合に、少しずつ先がわかってくるので、安全な道を選ぶことができます。

この歩み方は第三者から見ると、あまり勇ましくもないし勢いもないので、魅力が少ないように映ります。しかしその後ろからは、先のような歩み方と違って、安全性が追いかけてきています。

だから私は、信心というものは人生航路の灯《ともしび》であると信じますから、若い人ほど、健康な人ほど、よけいに信心が必要ではないかと思っているのです。

信心生活は窮屈か

信心なんかすると、あれしてはいけない、これしてはいけないと、戒律がきびしくて、若い者にとっては格子なき牢獄《ろうごく》みたいなものだ。不自由でのびのびできない。幸福を求めてゆくのが信仰であるのに、これでは暗い気持ちになってしまうではないか、と主張する若い人たちを見受けます。はたしてそうでしょうか。

信仰というものは、教理を聞いて自らさとり、自覚することが一番大切ではないでしょうか。そして自分がさとることは、決して窮屈《きゅうくつ》ではないと思います。

なぜなら、人にいわれてさとったのではなく、自らさとってするなら窮屈ではあり得ません。これを、例をとって考えてみましょう。

たとえば、日曜日に花子《はなこ》さんが、母親から「今日は出かけるから留守番を頼みますよ。そして、あれとこれとをしておいてちょうだい」といわれてごらんなさい。「留守番だけならまだしも、こんなに用事をいいつけて」と、不足しながらそれに従う。

これでは喜べません。重荷になります。

反対に花子さんのほうから「いつもお母さんが家事をしてくれているから、今日はゆっくり行ってらっしゃい。私は留守番しながら、これとこれをしておきますよ」ということになると、これは自らするのですから重荷にならず、案外面白《おもしろ》くて、しかも仕事にリズムがつき、早く片づきます。

同じことでも、させられるのと自らするのとでは、大変な相違であります。

これと同じく、信心というものは、自らの自覚から出発してさとるのですから、決して窮屈でも苦痛でもないのです。

実に明るく愉快で、うれしい気持ちになります。

生かすも殺すも言葉一つ

私たちは一秒も休むことなく呼吸をしています。いや、させていただいています。すう息・はく息一つが、私たちの生命であります。

しかし、そのはく息一つにしても、使い方が二つありますね。

「このお茶は熱すぎて飲めない」と、フウフウと息でさましながら飲むこともあれば、「今朝《けさ》は寒くて手がこごえてしまいそうだ」といいながら、息をかけて暖めることもできます。

このように息一つにも、さます力と暖める力が授かっています。不思議なことです。息だけではありません。何の気なしに使っている言葉の使い方一つでも、それで人の運命を生かしたり殺したりします。

会社に勤めている人に例をとりますと、たとえば人事課長から、自分の近くに住んでいる人のことで聞かれたとします。その人は会社に採用される予定者で、念のため評判を聞かれたわけです。

こんな場合、言葉の表現の仕方によって、コロリと違ってきます。

「あの人は仕事はよくするが、何しろずいぶん酒を飲む男ですよ」

これでは酒で失敗するのではないかという不安を与えてしまうでしょう。反対に、

「あの人は酒はずいぶん飲むが、仕事はガッチリする男ですよ」と順序を変えていうと、若いセールスマンだから酒はいけるほうが何かといいだろう、仕事をガッチリする男なら、ということになりましょう。

前者なら不採用になるかもしれませんし、採用になっても何か悪い印象を与えることになります。これでは人を殺すことになります。

後者の言葉ならば、人を立派に生かしたことになります。人をほめ、人を生かしてゆく者は、自分自身にまた喜べる種がいただけるのです。

これが親神様の思召《おぼしめし》に沿った言葉の使い方だと思わせていただきます。

月給でなくお与え

会社などに勤めていられる方々、すなわちサラリーマンは、会社から頂戴《ちょうだい》する金を月給といいます。また、そう思っています。

それでいいのですが、天理教の者は、月給とか日給とかいわずに「お与え」と呼びます。

それは、私たちは自分の力で働いているのではなく、親神様のご守護で働かせていただいているという考え方から出てくるのです。そして、これに間違いはないのです。一つの職場に勤めていられる方は、その職場に自分の持っている真心と身体を毎日捧《ささ》げているわけです。そうして真心を出しているので、職場からお礼の意味で出されるのが、月給とか日給とか呼ばれていますが、私たちはそれを、お与えと呼んでいます。

自分の真心を出したものが金という姿に変わって、職場から真心を出してきたのです。結局こちらの出した真心が返ってきたことにもなります。

だから、親神様からのお与えとして丁重《ていちょう》にいただいて、大切に持って帰ります。月給と考えていますと、つい粗末に受け取って、ズボンのポケットに入れてしまいがちです。自分が一カ月間、家庭のことを忘れて職場のために、親神様のご守護でつくしきった、その真実誠が返ってきたのですから、大切に扱いましょう。

運命と徳

あの人は運がよい、ついている、などといわれる人がいます。

たとえば、ちょっとの違いで交通事故からたすかったとか、機械にはさまれずにすんだとかで喜んでいる人は、運がよい人といわれますし、ついているともいえましょう。

そういうと、何か偶然のように思われがちですが、一度や二度よいというのではなくて本当に運命がよくなった人の場合、それは単なる偶然でなく、そこに確実な裏づけがあることを知らねばなりません。

その裏づけとは、つきつめてゆきますと、その人に徳があるかないかということにかかってまいります。

危ういところで交通事故をまぬがれたという幸運の裏には、目に見えない徳という力の働きがあり、それによって守られたといえるでしょう。

順調にゆくとか、喜べる姿が現れてくるというような、すべてのよい運命は、徳の力によります。

そこで、よい運命に恵まれたいと思うならば、自分の心に徳をつけることを心がけるのが先決になります。

徳の現れ方種々相

一口に徳といっても、その現れ方には、いろいろの姿があります。一例をあげますと、

① 災難をのがれる徳
これは先に申しました交通事故の例で、よくおわかりと存じます。

② 金持ちや物持ちといわれる人たち
これは金の徳・物の徳をいただいて、不自由なく過ごせる人を指します。人間がみんな金持ち・物持ちになるのが望ましい姿です。

しかし、いくら金や物が大切だといっても、それを得るために人を苦しめるようなことをしては、たとえ金が得られても、運命がよくなるとはいえません。人を苦しめた結果、かえって自分が苦しむということになってきます。

③　夫の徳のない妻

私の母の姉妹たち六人は、夫が事業をやっている家に嫁ぎましたから、金の徳・物の徳をいただいて生活に不足はありませんでしたが、二十代の若さで、子供をかかえて夫と死別していています。

夫の徳を失いますと、幸福な人生とはいえません。

④　妻の徳のない夫

一方、母の男兄弟たちは商売をして成功していましたが、三十五歳くらいで妻をなくしています。これは妻の徳のない証拠で、金や物に恵まれても、これでは陽気ぐらしの家庭であるとはいえません。

⑤　子供の徳のない人

金もあり夫婦とも元気だが、子供が一人もできない人がおられます。これは、さびしい人生といわねばなりません。

また、子供がたくさん与えられても、早くなるとか、病気がちとか、不良であるとかいうのであれば、これも子供の徳のない姿です。

これでは子供の成人を見て楽しむという親の喜びは、なくなってしまいます。

⑥ 悪の世界から善の世界へ

子供の非行について、次のような事件を考えてみましょう。

ある中学生が上級生から強迫されて空き巣ねらいをやらされました。悪いこととはわかっているのですが、気の弱いその坊ちゃんは上級生と一緒に、その家をねらいます。

ところが、いざ入ろうとすると、人が通って邪魔をします。今度こそと身構えると隣の人が顔を出して「そこは今、お留守よ。何かご用なら聞いておきましょうか」と声をかけるので、おどろいて逃げてゆく。そうこうしているうちに家の人が帰り、あきらめて家路につきました。

これは何を物語るのでしょうか。

わが子が悪い世界へ行きながら、関係のない第三者が道具となって悪の道に踏みこむことができず、もとの善の道へ引き返してきたのです。

子供を救った目に見えぬ力、それは子供の後ろにいる父母の徳であり、その徳によって子供が守られたのであります。

⑦　善の世界から悪の世界へ

反対の例もあります。

有名校の受験勉強に夢中になっている秀才が、参考書を買いに本屋に来ています。本を選んでいるとき、停電になりました。そのとき、フッと魔がさして、手にしていた参考書を懐《ふところ》に入れて暗闇《くらやみ》の中を出ようとしたところ、店の人につかまってしまいました。

初めての出来心ですから、大したこともなくすんで事件は解決したのですが、本人の心が安まりません。それからというものは、親に叱《しか》られないかしら、学校や知人に知られたらどうしようと悩み苦しみ、ノイローゼ気味となり、目的の学校を受験する自信を失ってしまったのです。

これは最初、勉強のために参考書を買いに行ったのですから、善の世界へ行ったのに、偶然の停電から悪の道へ入ったのです。つまり停電が道具となって、幸せな善の世界から悪の世界へ落ちこんでしまったわけです。

それでは徳を積み、徳を持つには、いったいどうしたらいいのでしょうか。

徳というのは日々の生活態度の中から生まれてくるものですが、根本になるのは、ものの考え方にしても、金の使い方に関しても、自分一人の利益や楽しみを目的としないで、人様の運命がよくなるよう、人様が喜ぶように心がけることであります。また、身体を使うにしても、親神様に生かされているという喜びをもって、進んで人様のために働くのが、運命をよくする生活態度になります。

天理教では、こういう生活態度をひのきしんといっています。ひのきしんは、親神様に生かされている喜びと感謝をもって、社会のため人様のために働くことで、これが物種《ものだね》となって、あらゆる幸せを築くもとになると教えられています。

心と魂の相違

心と魂は、どう違うのかとよく質問されますが、これはむずかしい問題です。ただ、私が私なりに勝手に、自分が得心いくために思っていますことを次に述べてみます。

魂を水にたとえてみます。その水が動きだしたとき、天から降れば雨と呼ばれます。高い所から落ちてきたら滝といい、流れたら川、海に出て風が吹いたら波と呼ばれます。しかし、いずれもその本質は水であります。

だから人間が生まれて魂が肉体の中で動きだしたとき、それを心と呼んでいいのではないかと思っています。

「心というものは、ころころ動くからこころという」と昔から言い伝えられています。面白い表現だと思います。

親神様は、心一つが我がのものとか、我がの理とか仰せられています。これに対し、身体は親神様のご守護によって生かされているのであり、本当は親神様のかしものなのだと教えられております。

だから身体は、自分の自由にならない場合がありますが、心は自由自在となり得るのです。そのかわり実に面白いもので、この心の持ち方で、喜びもし悲しみもします。明るい勇んだ心にも、暗いいずんだ心にもなります。これは誰でも経験されるところです。

一つの苦労が訪れたとします。この苦労をどう受け取るかは、お互いの心の持ち方一つによって、そこに天と地の違いが生じます。

山に登ることの好きな人は、途中で身体がヘトヘトになり、汗びっしょりで、ずいぶんと苦痛を味わいます。それでも心は明るく、頂上を極めたときは思わず万歳と叫びます。

その登山者の荷物を持ってゆく人は、登山者ほど身体は苦痛ではありません。でも心はそんなに明るくないようです。この人の心が明るくなるのは、その労働に対して賃金を得たときで、そのとき初めてニッコリします。

登山者は山に登ることが目的です。一方は賃金を得ることが目的です。

目的が違うから、それぞれの心の使い方が違っているわけであります。

人間の死について

一番さびしい、悲しいものは、人間の死であります。そして人間である以上、誰でも避けることのできないのが死であります。

教祖《おやさま》は人間の死のことを「出直し」と教えられました。だから天理教では、死という言葉はありません。出直しと申しています。

古い着物を脱いで新しい着物に着替えるようなもの、とも教えられています。

門を出たり入ったりする姿のようにもさとれます。あるいは夜寝て、朝また目が覚めて働く姿にも考えられます。

死と考えると、お先まっくらで、行き詰まるような気がしますが、出直しということですと、また新しい着物（新しい肉体）をもって、この世に出てくると信じられるのですから、先があいているような明るい感じがいたします。

身上《みじょう》（身体）をお返しして、また新しい身上をお借りするというのは、かしもの・かりものの教えから教えられているような気がします。

もちろん、出直しは人間的には悲しいことですが、その中からでも明るさと希望を持たせていただけるのは、ありがたいことであります。

夫婦の問題について

女は台、と仰せられています。男は柱のような立場ともいわれています。どんな立派な柱を立てても、土台がグニャグニャでは柱が立ちません。少々柱が曲がっていても、土台がしっかりしていたならば、柱は立ちましょう。

家庭を守るのは婦人、妻です。夫を外で安心して働かせるのも、妻の内部の働きでありましょう。

男は天、女は地ともいわれています。大地は汚いものでも地の中に抱いてしまって、すばらしい肥となってすべてを生かしてゆきます。働く力を養う家庭を、しっかりとよい妻が守りますならば、よい力が養われましょう。悪い妻がおって悪い家庭になれば、悪い力が養われましょう。悪い力が養われた悪い家庭から、夫が会社に、工場に、農業に、すなわち職場に出ていっても、よい働きが生まれないことは当然です。そこに、どんな姿が現れるでしょうか。

ある工場で百人の怪我《けが》人が出たとすれば、そのうち、家庭の円満でない、すなわち夫婦喧嘩《げんか》をしている家庭から出勤してきている人が約八割である、との統計が出ています。自動車事故なども、家庭がよいか悪いかで影響している面が大きいようです。

男は天であります。雨と光と風を与えるのが天のつとめならば、一家の設計の根本を生み出す働きが夫のつとめでしょう。

妻と奥さん、夫と旦那さん

あの奥さんは、とてもよい奥さんね。いつもきちんとして。

あの奥さんは、しっかりしていらっしゃるわね。

あの奥さんは、姿もいいが顔もいいわね。

あの奥さんは、朗《ほが》らかで明るいし、心も美しく、腰が低いわね。

以上、大変評判のよい奥さんですが、これはあくまで近所の人から見た奥さんです。妻ではありません。もちろん夫から見た妻ではありません。

夫から見た妻としてはどうでしょうか。はたして合格か不合格かは、夫に聞いてみないとわかりません。冷たい、心の伴わない妻であるかもしれません。反対に、あの奥さんはだらしがない、あの着物の着方はどうでしょう。

あの奥さんの顔は大したことないわね。

あの奥さん、ちょっと頭が悪いのではないかしら。

と、ずいぶんひどい評判の奥さん、これも第三者、近所の人から見た奥さんなのです。夫から見たら悪い妻であるとはいいきれないでしょう。むしろ、かゆいところへ手の届くような妻であることも考えられましょう。

奥さんとは、第三者から呼ばれる立場であり、妻とは、夫からのみ呼ばれる言葉ではないでしょうか。夫に対してよい妻になってから、近所からよい奥さんといわれるようになっていただきたいものです。


あの旦那《だんな》さんは、とてもやさしい方。

あの旦那さんは、バリバリして男らしい方。

あの旦那さんは、ずいぶん気前のいい方。

と評判がよくても、それは第三者から見た旦那さんであって、妻から見たらどうでしょうか。利己主義で頑固でワンマンであるかもしれません。反対に、あの旦那さんは、頑固でわからずやの方。

あの旦那さんは、つんとして腰の高い方。

あの旦那さんは、女のような方、少しも魅力のない方。

と評判が悪くても、妻から見れば妻思いであり、子供思いで、自分より家庭中心のよい夫であることも多いですね。私たちはよい夫であり、よい旦那さんであることが好ましいですね。

夫の運命を左右する

ある会社員です。友人が課長になったのに自分はならなかったので、うさ晴らしに酒を飲んで帰ったところ、妻が原因を知って夫よりも腹を立て「そんな会社やめなさいよ。私の友人に頼んで、もっとよい会社を世話します」とカンカンになって、高校時代の友人に頼みこんで、この人は結局、他の会社にかわってしまいました。

その新しい会社は、二流ではありますが、この妻の目的である課長になったのですから夫婦とも満足していましたが、その会社に不況の嵐《あらし》が吹いて人員整理となりました。この新課長は新しい会社にかわって非常に重宝《ちょうほう》がられていましたが、建物にたとえると、ちょうど、ふすまか障子《しょうじ》のような立場です。平常はまことに結構なのですが、何か事がある時には障子やふすまは外されます。柱は少々のことでは切ったり、外すことはできません。新課長は新しい会社においては、あえなく整理されることになったのであります。

前の会社におれば、たとえ課長にならなくても柱のような立場にありますから、なかなか切り取られることはありません。ですから整理されるということもなかったでしょう。ところが、不満から他の会社にかわって目的の課長になりはしましたが、結局、障子やふすまの立場になってしまったわけです。

しかも会社をやめると、これまでは大きな会社をバックに仕事をしていたのですから、ちょうど温室から出た花のようなもので、少しの風にも散ってしまうように、結局この新課長は嵐の中に出て敗残者となったのでありますが、そのもとは妻の勝ち気さが夫の運命を狂わしたともいえましょう。

話をもどして、これと反対の場合だったら、どうだったでしょう。

友人が課長になり本人がなれなかったので、腹を立てて酒を飲んで帰り「あんな会社はやめてしまいたい」といっても、妻が「ご立腹は、もっともですが、お姑《かあ》さんも子供も私も、あなたの一部分ですから、どうか、ここは私たちに免じてたんのうしてください」と願えば、夫も辛抱したことでしょう。そして二、三年過ぎて課長になったならば、それこそ夫婦が手に手をとって喜び勇み、また運命も安泰であったことでしょう。

妻のよい・悪いによって、夫の、否《いな》、一家の運命を変えてしまうことを思うとき、妻の立場は、まことに重大であります。

夫婦喧嘩種々相

朝から晩まで一日中、「おまえのような奴《やつ》は帰ってしまえ」「帰るわよ、こんな家にいられるもんですか」と、どなり合いながら喧嘩《けんか》しているので、近所の人は半ば心配し、半ばいつ帰るのかと楽しんで見ているのに、なかなかどうして帰る様子もなく、とうとう十年も二十年も過ごしてきたという夫婦があります。これは喧嘩しながら仲がいいのです。

そうかと思うと、朝から晩まで喧嘩し、本当に仲が悪くて別れてしまい、その後も両方が悪口をいい合っている人もありますが、こんなのは本当に仲の悪い夫婦というのでしょう。

また、この反対に、黙っていてそれこそコトッとも音のしない、実に静かでおだやかな生活で、いたって仲のよい夫婦もあります。そうかと思うと、外見は同じで静かな夫婦と評判される人でも、お互いに愛さないで冷たい間柄の夫婦もあります。仲は悪いが、教養と社会的立場と子供のために、離婚するわけにいかず我慢しているわけです。

ある婦人の告白ですが、「先生、私は現在の夫のもとにまいりましてから、性格が全然違うので、長年喜んだことがございません。愛さねばならない夫を愛し得ない妻の悲しみは、男性の方にはわかりませんでしょうね」と泣きくずれられました。しかし、よく考えてみますと、夫としての立場から考えて、これほどつまらない、ひどいことはないでしょう。夫としては長年愛されていると思っていたのに、少しも愛されていなかったのですから。

以上、四つの姿の夫婦を申しあげましたが、お互いこの四つのうちの一つであることを思いますとき、私自身は一番目の、朝から晩まで喧嘩しながら、案外仲のよい夫婦であることを告白しておきましょう。

夫婦喧嘩の反省

ある夜、私は夫婦喧嘩をしましたが、最後に「君は何といっても薄情だよ」とどなりますと、家内も珍しく「あんたも薄情者じゃないの」とどなり返してきましたので、私も「何を!」とまたどなると、そばに寝ていた子供が目をさましてビックリしています。これはいけないと思って、私は中止しました。家内も同様、中止しました。

いかなる場合でも、子供の前で妻をどなる夫は、日本一悪い夫であります。なぜなら、子供にとっては母は光であります。その大切な母親をどなりますと、母親を子供が軽蔑《けいべつ》いたします。母を馬鹿にした子供は、だんだん反抗し、不良になりやすくなります。これは妻も同様で、夫の悪口を子供にいってはいけません。

たとえば子供が「お母さん、あれ買ってちょうだい」という。「ダメだよ、そんなお金ないよ」「いやになってしまうな、うちは貧乏だからね」「そうなんだよ。お父さんは甲斐性《かい》がないから、おまえも私も苦労するんだよ」と、ボロクソにいってしまっては、お父さんの立場はなくなってしまいます。これでは子供の教育は成り立ちません。

こうしたとき、逆に「お父さんはお金はないけれど、こんないいところがあるから、お母さんは喜んでいるよ」と、日ごろ夫のよいところを見て得心している心を、子供にうつすことが大切です。

だから、いかなる理由があっても、子供の前でどなり合ってはいけません。

私の自己反省

その夜、私は床の中で考えましたが、おどろいたのは私の心の動きであります。しかも自然の動きですから、うれしいのです。どういうふうに心が動いていたかというと、もう家内を責めていないのです。あれだけ腹を立てていた私の心は、家内を責めずに自分自身を責めており、自己反省をしているわけです。ここがお道のありがたさではないでしょうか。

私の心の動きを説明しましょう。家内は私を薄情者といったが、なるほど自分は、家内に対して薄情な夫だ、間違いなし。しかし、私も家内を薄情者とどなったんだから、これも間違いない。すると私たちは薄情者同士が一緒になっていることは間違いないわけだ。

しかし、自分は結婚して十六年目（当時）になるが、年に一回くらい薄情だとどなっているだろう。すると同じ薄情者同士でも、男の自分が今日まで、年一回としても十六回くらいどなっている。家内は今日まで三回くらいしかどならなかった。そのどちらがえらいか考えてみろ。

だらしのない男とは、おまえのことではないか。そんなに、おまえは妻に対してよい夫か。いや、そうではない。反対に、おまえが思うほど、言うほど家内は悪い妻か。いや、そうでもない。よいところもあるんだろう。そう、そらある。急いで妻のよいところを、さがしてみろ。

① 家内は平熱三六度五分、達者で今日まで働いているではないか。大した妻じゃないか。どんなに愛している、真心があるといっても、一年も二年も寝こまれては、よい妻とはいえない。それを思えば結構なことだ。

② おまえよりずっと気前もいいし、度胸もいいではないか。案外おまえは真実のおつくしでもけちったときがあるが、そんなとき、家内のほうが思いきりがいいではないか。

③　おまえはとても無愛想だけれど、家内はとても愛想がいいではないか。

④　おまえは二十一歳の年まで親不孝してきたから、二人の親不孝者が生まれて当然である。親一人が親不孝なれば、利子がついて、子供が二十一歳になるまでの二十数年間の利子で倍になってもおかしくないのに、今のところそんな子は一人もないのは、家内が実家で親孝行してきた理を子供たちがいただいているんだ。

――かく考えてみますと、全く面白いもので、これまでの家内と、反省したあとの家内の姿が、まるっきり違ってうつってくるわけであります。

自分をよく見つめて、さらに妻をよく見つめてゆくと、お互いに相手の美点が発見されるのではないでしょうか。

夫に愛人のある場合

愛し信じていた夫が愛人を持っていることを知った奥さんは、心おだやかではないし、のろい・うらみの心が出てくることは当然で、女性としてこんな苦しみはありません。

　しかし、この問題にしても、奥さんの心の持ち方によって、ますます破局に向かう場合もあれば、だんだん治まって解決してゆく場合もあります。

　次の二人の社長夫人の対話を、私たちは参考にしてみましょう。

「私の夫は若い秘書を愛人に持って土曜日から温泉に行くんですよ。それを知ってからは夫が不潔で、愛人がにくくなり、毎日が面白くないので、夫がその気ならば私も好きなことをしようと思ったの。

　そこで土曜日からサッと家をあけて、お芝居はもちろん、これはという観光地はほとんど行ったけれど、心は少しも楽しくないの。面白いどころか、余計に腹が立つのよ。だって行く所は二人づれが多く、また愛人らしい道づれだと夫と愛人のことを思うし、夫婦だと『あんなに仲のよい夫婦もあるのに』と、夫がにくらしくなるのよ。

　歌舞伎座《かぶきざ》の特等席で観劇している私の姿は、人から見たら結構に映るでしょうが、心は地獄みたいなものです。ある日、幕間《まくま》にうちの会社の社員の奥さんがお姑さんと子供づれで来ているのに出会ったのよ。聞けばご主人がよくできた人で、その心遣いのサービスで仲よく来ているとのこと。私は頭にきたわ。

この方たちは普通席の窮屈な場所で見ているのだから、みじめなように見えるが、心は私とくらべものにならない豊かさじゃないの。特等席にいる私は、身体は楽でも心は普通席の最低でしょう。

私は自分のみじめさに、途中で帰ってきたのよ。ねえ、あなたも同じ、ご主人が愛人をお持ちになっていられるから、私の気持ちがよくわかってくださるでしょう」

「私も最初はあなたと同じで、暗い日々だったわ。あなたの気持ちはよくわかります。でも今の私は違うのよ。ドン底からはい出して喜びを感じるようになったの。決して負けおしみでも、あきらめでもないの。

どうしてそうなれるのかって。それはね、私はもっと悪いことを想像しているのよ。

① 夫が不治の病で入院し、私が毎日病院に通って看病しているとしたら、どんな

気持ちだろうか。

② 会社が不況で、多くの社員の家族の生活に不安を与え、私たちがノイローゼになり、夫も家におれなくなったとしたらどうであろうか。

③ 夫は健康、会社も隆盛であっても、私が重病で死なねばならぬとしたら、残された子供たちはどんなに悲しむだろうか。

——こうしたことを考えてみると、夫が愛人を持ったということは、妻としては実につらいことだけれど、この問題は私の心の持ち方一つで解決できるかもしれないことでしょう。今いった悪いことは私の手がとどかないことでしょう」

「ずいぶん甘い考え方ねえ。私はとてもついていけないわよ」

「まあ聞いてちょうだい。夫と愛人の間を無理矢理にさいても、生木《なまき》をさくようなもので、どうにもならない傷が残り、子供の心にも深い傷をつくることになってくるでしょう。だから私は私の真心で、必ず夫と愛人は自然に別れる日がくると信じているの」

「勝ち気のあなたが、そんな旧式な意気地《いくじ》なしの考え方になるなんて。そんなの、ちっとも楽しくないでしょう。しっかりしてよ」

「しっかりしてるわよ。あなたはそうおっしゃるけれど、そんなことをしても、あなたの心は明るくならず、マイナスばかりで、泥沼に落ちこんでるじゃないの。私はそうでないわ。私の心が少しずつでも夫に通じたのか、最近ではすまぬという気持ちになっているのよ。前のように、いい気じゃないわ。

実は私、神様のお話を聞いて、こんな喜べない中からでも喜べるように、強く明るい心を持つようになり、それを実行してみて、なるほどと思っているのよ」

この二人の社長夫人の心の持ち方には、天と地ほどの違いがあります。違った人生観は、やがて二人の運命をずいぶんと違ったものにしてゆくことでしょう。

教理篇（一）

かしもの・かりもの

いんねん自覚とたんのう

かしもの・かりもの

かしもの・かりものの教理は、天理教独特の中心教理であるといえましょう。

私たちはだいたい、自分の力で生きているんだ、働いているんだ、会社に勤めているんだと考えているものですが、天理教の信仰によると、私たち人間は生きているのではなくて、親神様のご守護によって生かされているのである、歩いているのではなくて歩かせていただいているのであると、すべてが親神様のご守護・お働きによって生かされているというさとり方になるのであります。

つまり、人間の身体《からだ》は親神様からお借りしているのだ、という考え方なのです。だから私たちの身体は親神様のかしものであり、親神様からのかりものである。そして心一つが我がのものである。こういう教えを、かしもの・かりものの理と申しています。

この教理から、病気に対しても、労働に対しても、いんねん自覚についても、基本的なさとり方が出てきますし、たんのうという明るい心遣いもできるわけであります。
そこで、このかしもの・かりもの、いんねん自覚、たんのうの教理を、私の伯母《おば》の入信記によって説明申しあげたいと存じます。

伯母のおどろき

私の伯母は二十六歳にして未亡人となりましたが、子供三人を抱えて亡夫の事業を受け継ぎ、工場の社長を務める女丈夫《じょじょうふ》でした。一方、二十年間ある宗教の熱心な信者で、伯母を今日《きょう》まで支えてきたのは、この信仰のおかげであったといっても過言ではありません。

ところが近所の工場の老婦人が天理教の熱心な信者で、毎月十六日になると「仲小《なかこう》路《じ》さん、お参りに行きましょう」と誘いに見えます。そのとき伯母はいつも「商売上のお付き合いはいくらでもいたしますが、信心は別ですから、そのほうのお付き合いはできません」と、頭から反対していました。

その老婦人は伯母の乱暴な断りを受けても、ニコニコ笑いながら帰っていきますが、次の十六日になると、また誘いにきます。もちろん頭から断り、絶対に聞きません。とうとうその老婦人は「あなたはえらい。私はこの人と思ったら一年間でだいたい教会へおつれ申しあげるのですが、あなただけは三年もかかったけれど、お聞きになりませんでした。私は負けましたよ。もう来月から絶対来ませんよ」と宣言しました。

伯母は自分の信念を貫いたという勝利感と、もう来月から来ないといわれてスカッとして、はじめてその老婦人を茶の間に通しましたが、そこで「来月からもう来ませんから、今日だけ一ぺんでいいから行きませんか」といわれ、それくらいならいいだろうと気軽につれて行かれたのが、東京・厩橋《うまやばし》にある東本《とうほん》大教会という天理教の教会でした。もちろんこうなったのは、老婦人の三年間の真実が結局、伯母を動かしたものでしょう。

そのとき伯母と教会の先生との間に、面白《おもしろ》い会話が行われました。

「あなたは歩いてきたのではございませんよ、仲小路さん」

「いいえ、電車だと遠回りになるので、ちゃんと歩いて、ここまでまいりました」

「それは歩いたのではなくて、歩かせていただいたのです」

「どなた様にですか」

「天理王命《てんりおうのみこと》様、すなわち親神様のご守護のままに歩かしていただいたのです」

「そんなばかなことがありますでしょうか。私は二十年も○○宗の先達《せんだつ》をつとめてきた者ですが、そんな話を聞いたこととありません」

「もちろん聞いたことはないでしょう。この教えによって、はじめて教えていただいたのですから」

それからその先生は伯母に、次のような話を一気に取り次いだのです。

――私たち人間はじめ、生きとし生けるものは、すべて親神様によって生かされているのです。生きているのではないのです。

だから身体は自分のものではなく、親神様からお借りしていると、私たちは信じているのです。

わが子を蝶《ちょう》よ花よと可愛《かわい》がっても、すう息・はく息一つが蝶や花であって、息の根がとまれば身体は冷たくなり、果てはウジ虫がわいてきます。命は自分の思うようになるものではありません。自分の身体であったなら、好きなだけ長生きができ、病気もしないし、顔も姿も気に入ったようにつくれるはずなのに、それが思うようになりませんね。

そこに、自分の身体ではなくて、親神様からお借りしている姿を感じます。この親神様のご守護を離れて、人間は一日も一刻も生きてゆけないのです。

身体の温《ぬく》みも血液の循環も、目が見えるのも耳が聞こえるのも、これすべて親神様のご守護です。

身体が自分の思うように自由にならないところに、借りた姿がさとれます。借りたものなら、それを大事に使わせていただくことが大切です。また、貸し主である親神様のお心に沿うように使わせていただくことが肝心でありましょう。

古い道具を借りても

たとえば、お隣から古びた粗末な道具をお借りしたとします。「何だ、こんな粗末な品をよくも貸したなァ。人をばかにして」と文句をいいながら使ったとしたら、どうなるでしょうか。貸した人は「なるほど、よい品物ではないが、まだ十分役に立つものだ。それなのに、あんなに文句ばかりいって乱暴に使うのなら、こわれてしまうだろう。今のうちに返してもらおう」ということになり、その品物をとりあげてしまうでしょう。

これと反対に、たとえ粗末な品物であっても、借りた人が大事に扱い、感謝して使い、いつもお礼をいってごらんなさい。貸した人は恐縮して「あんな粗末な品を貸してあげたのに、喜んでお礼までいいにこられるし、大事に扱ってくれる。こんな人なら、これからは変な安物は貸せない。もっと、よい物を貸してあげねばならない」という心になることでしょう。

こうなれば、この次に何か借りに行ったら、信用がありますから「さあ、どうぞどうぞ、よかったらいつまでもお使いください」と、よい品物を長く貸してくれます。

これが真実の天の理でありましょう。

物だけではありません。私たちは子供だ妻だ、夫だ親だと一口にいっていますが、これも自分の所有物ではなく、親神様からお与えいただいているといえましょう。だから、これを大事にすることはもちろん、尊敬し感謝することを忘れてはなりません。

こんな妻を、こんな夫をどうして尊敬できるかと、不満に思われる方もありましょう。しかし、どんな人にも、よいところと悪いところがあります。そのよいところを見てゆくことが大切です。そうすると悪いところは消えてゆき、よいところばかり見えてきて、自然に尊敬できるようになります。

特に親が子を尊敬することはむずかしいのですが、子供は親神様からの授かりものであり、どの子も必ずよいところを持っています。うっかりすると私たちは、よいところは当たり前と思い、悪いところばかり見て責めやすいものです。

もし家族全部が、その子を責めたり白い眼で見ますと、これではせっかくのいいところまでなくなり、悪いところばかりになってしまいます。反対に、よいところを見て感謝し喜んでいると、悪いところが消えて、よいところがグングン伸びてきて、よい子になります。

このように親と子、妻と夫、嫁と姑《しゅうとめ》の仲は、すべて親神様から、それぞれのいんねんによって与えられ組み合わされたものであるとさとり、それを大切にし、感謝・尊敬してゆくことが、貸し主である親神様のお心に沿うことになるのです。ですから借り主である私たちの心遣いによって、授かったものがよくもなり、悪くもなるのです。

うちの夫はどうしてこうなのだろうか、うちの女房はなっておらんと不足に思っている夫婦がよくあります。こういうとき、どちらかが心の持ち方を変え、今まで欠点ばかり見ていたのをやめて長所を見るようにしてゆけば、尊敬できるようになります。

このようにして、欠点はあるが、こんなすばらしい長所もある夫をよく授けてくださったと感謝し、それを言動に表していますと、親神様は、あんな夫を授けても喜んで仕えてくれ、いたわってくれる。何というすばらしい使い方上手な人間だろう。今度はすばらしい子供を授けようとお思いになるでしょう。

夫の徳・妻の徳のない姿

伯母は右のように、人間は生きているのではなくて、生かされているのであるという教え、そこから出てくる人生のさまざまの姿について聞かされました。この話に伯母は、まるで胸に五寸くぎを打たれたようにビックリしました。

というのは、伯母も私の母も、姉妹六人が皆、若くして未亡人になっているのです。男兄弟三人は三十半ばにして妻を失っています。九人とも、物や金はあっても、夫の徳・妻の徳のない者ばかりが揃《そろ》ったわけですから、伯母はショックを受けたのです。

夫が死んだと思っていたが、教理から思案すると、自分の心遣いによって夫を殺したようなものだ、と深く反省したのです。

翌日から伯母は、このいんねんを可愛い子供たちにゆずってなるものかと、朝づとめに日参を始めたのです。

野原でも通えば道ができます。道があっても通わなければ野原になります。道がなければご守護はない。平常、道をつけておけば、さあというときに、そのつけた道によって神様のご守護がいただけるという信念が、こうして生まれてきたのであります。

信じる心と信じない心

自分が生きているのだという考えと、生かされているのだという考えとは、大変な相違があります。また、身体は自分のものであると思っていたのが、そうではないのだ、親神様からお借りしているのだと考えるようになると、人生観が根本的に変化します。

たとえば、自分の力で生きているのだという人生観の人の場合を考えてみましょう。商売で儲《もう》かったとき、俺《おれ》の腕がいいからだ、才覚があるからだと思って、どうしても高慢になりがちで、人を見おろすようになります。また、何でも金だと、金で人の面《つら》を張るようなことにもなりましょう。

こんな人が一度失敗をすると、どうでしょうか。世の中が不景気になったからだとか、取引先が不渡り手形を出したからだとか、相手に難くせをつけて、うらみや愚痴《ぐち》をいい、それが高じると、やけくそになってしまいます。これではドン底に落ちても誰《だれ》も援助の手を出してくれませんから、再起がむずかしくなります。

ところが、かしもの・かりものの理をよく治めた人は、成功した場合でも「私のような徳のない者が、こんなに成功させていただいて、まことにもったいない、ありがたい」と心から感謝し、低いやさしい心になって、ますます努力します。

たとえ失敗しても人をうらまず、せっかく親神様を信仰しているのに、自分が届かぬばかりに失敗して申し訳ない。親神様もさぞかし残念に思っておられるだろう。人様にも損をかけてすまないことだと、自らをきびしく反省し、やけを起こさず、感謝の心・勇んだ心で努力しますから、損を受けた人々も、その心に感じて何なりと援助することになりますから、やがて立ち上がることができましょう。

このように考えますと、かしもの・かりものの教理に沿って生きることが、すべてのご守護をいただくもとであり、ここから喜びと感謝の生活が始まることがわかります。

頂戴した品物に感謝するなら

私はよくＰＴＡや婦人会、あるいは会社などへ講演にまいります。すると、これはこの工場の製品ですからお使いくださいと、いろいろの物を頂戴《ちょうだい》します。時計、洋服、着物、靴等々、私の身につけているもののほとんどは、それぞれ頂戴した品物です。

その品物を身につけるたびに、いただいた方の厚意を忘れずに感謝をしている自分を見つめると、案外、私も恩を忘れない人間だと、うぬぼれていたのですが、ある日外出しようとしてフト気がつき、一番大切なご恩をうっかり忘れていたことを発見し、恥ずかしく思いました。

いただいた品物に感謝し、ご恩を感じるのはよろしい。だが、親神様にお借りしているこのすばらしい身体のご恩を、それ以上に感じているかどうか、ということなのです。

案外その根本を忘れがちである自分を発見し、反省した次第です。

お借りしている私たちの身体は、芸術品とでもいえるものです。一つの欠点もない、すばらしい構造です。もし両足の爪《つめ》がなかったら自由に歩けないでしょう。両手の爪がなかったら力が出てこないでしょう。爪にしてしかり、そのほか考えれば、おどろくばかりです。

私は最近になって、トイレに入っていつも感謝するのは、大便の出る場所を下につけてくださっているということです。本人にも他人にもわからぬ所についていますが、これが頭のてっぺんにでもついていたら、どういうことになるでしょうか。毎日逆さになってしなければならんという面倒なことになります。

ばかなことをと思われるかもしれませんが、これが私の日々の実感です。

こうしたすばらしい身体をお借りしている、この大きなご恩を、お金や品物をいただいた以上に感謝し、切実に感じてこそ、かしもの・かりものがわかったといえましょう。

お金よりも人様の真実

私はお金をいただいたとき、思わぬ多額でありますと、もらいすぎだと、よく思います。

たとえば講演とか人様のお世話をさせていただいたときなど、先方からお礼をいただきます。定価があるわけではないので、額は千差万別です。ちょっとお話をして多額をいただいたときは思わず、もらいすぎだ、申し訳ないと、反省することがよくあります。

これは、当たり前だと受け取るより、よい姿ですが、よく考えてみますと、このお金というものは案外、薄情な性格を持っているもので、俗に「おあし」というくらい、いつまでも家にいないで、すぐ出てゆきます。お泊まりいただいても、翌日はご出発です。

そんな薄情なお金に対して反省するのもいいが、もっと反省しなければならないものがあります。それは、人様から真実誠を受けたときの態度であります。

考えてみると私は、お金をいただいたときのほうが丁重《ていちょう》で、真実のほうは当たり前のように受け取っているのです。いや、ありがたく受け取れずに、不足をしていることもあります。

たとえば駅に出迎えてくれた青年が、私の重い荷物を取らずに、顔を見て「おつかれさま」といってくれるのを見て、私は内心、そんなことより早く荷物を取ってくれたらいいのにと思って、わざと荷物を青年の足に少しぶつけると、気がついた青年が「あー、おそくなりまして」と受け取ってくれます。

そのとき、私は「どうもありがとう、すみません」と口ではいいますが、心の中では、「気がつかない青年だなあ、僕の青年時代はもっと気がついていたのに」と、不足をしています。人様の真実誠をいただきながら不足をしている自分の心の姿を見たとき、ただあきれてしまいます。何というなさけない人間だろうかと。

一面、何というおそろしいことをしているのだろうかと、反省せずにはいられません。

というのは、金は入っても通過します。ところが人様から真実誠を受けたときは通過しません。自分が終着駅なのです。全部ひっかぶってしまうわけです。

それこそ、もらいすぎているわけです。自ら徳をけずっているわけです。

風呂場の出来事

私の青年時代のことですが、神殿当番を勤める日は、身を清めるために入浴します。ある当番の日に本部員の神田宇太郎《かんだうたろう》先生とご一緒になりましたので、私はさっそく先生にお願いして背中を流させていただきますと、こんどは先生が私の肩を流そうとなさるので、無理矢理断って外に飛び出しました。そのとき先生は「申し訳ありません。ありがとうございます」と、親神様・教祖《おやさま》にお礼と、おわびを申しあげておられます。

これは私から受けた些細《ささい》な真実を、私にもお礼をいわれ、その上に親神様・教祖にお礼をいわれて、人様から受けた真実誠をちゃんとお返ししておられる、つまり通過させておられるわけでありあます。

ところが私が准員になって神殿当番の折、風呂で青年さんが肩を流してくれたのです。終わって「ありがとう」とお礼をいい、神田先生と同じく「君の背中を流そう」といいますと、青年さんは「結構です。とんでもない」と断ってゆきました。

そのときハッと気がついたのですが、私は神田先生のように、親神様・教祖にお礼とおわびを申しあげていないのです。私は、「そらそうだろう、流したらトントンで何にもならないから」という心になっていたのです。

私は青年さんの真実を受けっぱなしで、通過させていないわけです。そこに大きなもらいすぎをしているわけです。

いんねん自覚とたんのう

私の入信動機

この一文は母一人子一人の反抗の道すがらを物語ふうに記したものです。私自身の入信記であり、天理教の教理の大切な角目《かどめ》であるたんのうやいんねん自覚等を物語り、そのなか特に母こまのたんのうといんねん自覚の姿、また、たすけてくれた伯母《おば》はるの捨身の愛情と真実、この道ならでは見られない姿を赤裸々《せきらら》に記録したことを了承していただきたいと存じます。

育ての母親への愛情

もの心がついたとき、孝一郎《こういちろう》は母から次のようにいわれた。

「あんたは私の本当の子やない。実はお金をもらって育てているのや。あんたの本当のお母さんは、身体《からだ》が弱いので、あんたを六十日目から預かったのや。最初は別に、あんたを可愛《かわい》いとは思わなかった。金四円の預かり賃が可愛いから預かったのや。

でもなあ、三十日くらい経《た》つと、もう金のことは忘れて本当にあんたが可愛くなった。本当の子のように思うてしもうた」

この言葉を聞いた孝一郎は案外、ショックを受けなかった。それは近所の人たちから、時折「あんたは金で預かってもらっているんや」と聞かされていたからである。

しかし、これによって小さい孝一郎には、月一回、人力車に乗ってやってくる婦人が、本当の母であることがわかった。だが孝一郎は決してなつこうとはせず、むしろ冷たい態度をとった。

子供心に、実母の姿は、冷たい母、たまに来てこごとばかりいう母、子供の気持ちをわかってくれない母、甘えさせない母と映った。こうした気持ちであったため、小学校の帰り道、人力車が家の前にあって実母が来ていることを知っても、決して走って帰ろうなどとはしなかった。

孝一郎が、子供の心のわからない母と思いこむようになったのには、大きな動機があった。

十一歳くらいのとき、孝一郎が着ている着物は、小さなカスリの柄《がら》で、俗に「あられガスリ」といわれ、青年や大人にちょうどいい柄であった。友人はボタンカスリといって、大きな柄であった。

友だちから、よく「おまえの着物は大人の着物だ」と笑われがちであった。子供心に恥ずかしくて、皆と同じ子供の着物（柄の大きな着物）がほしいと、ある日実母にいうと、すげなく「あんたは一人息子であとがないから、もっと大きくなっても着れるようにしてあるんだよ。だから、この柄を着ておきなさい」と突きはなされた。

その冷たくきびしい顔を見ると、孝一郎は二度といい出しにくくなり、くやしさを胸につつみながら、母のそばから離れてゆくのが常であった。

未亡人と一人息子の悩み

しかし、甘えさせない母を、うらむようになったのは、未亡人と一人息子の宿命であろう。未亡人と一人息子の場合は、二つの異なったタイプが現れるのである。

一つは、父親がないから可哀想《かわいそう》にと、むやみやたらに可愛がり、何でも子供のいうことを聞いて、一から十まで世話をする過保護の姿である。

もう一つは、父親がないから甘やかしては大変だというので、母親が父親の役目までしてしまい、きびしく文句さえいえばよいというタイプである。

なお未亡人全体としての悩みで、子供にとって一番困るのは、ちょっとしたことでも大きく考えすぎる傾向があることである。

特に男の子がいたずらをした場合、父親から見たら当然のことで心配にならないことでも、未亡人の場合は相談する夫がないので、一人で大きく悪く考えすぎる結果、子供をいかにも悪いように思って責めることが往々にしてある。これは未亡人の欠点であり、男の子供にとっては大変な迷惑である。

ところで孝一郎は後者のタイプの母親を持ったわけで、たまたま実母のもとを訪れてもこごとばかりいって、うるさそうに接する場合が多かったために、心は離れる一方で、その反動で養母へと心が接近して、甘えていったのである。

無理矢理引きさかれ

十三歳まで孝一郎は田舎の養母の家に預けられていたが、ある日逃げ回っていやがる孝一郎は、村人の手助けもあって、犬が引きずられるようにして無理矢理に連れ帰された。そして京都府立師範付属小学校六年に転校したが、今度は小学校の先生の家に預けられてしまった。

そこで孝一郎は、夏休み、冬休みを待ちかねて田舎の養母のもとへ飛んで行き、学校が始まるまで甘えた生活を毎年くり返した。

その後、孝一郎は上京したが、二十一歳のときに実母への反抗が爆発し、金を湯水のように使い始めた。

物価の安い時代で、大学卒業者の月給が、五十円くらいだった。一カ月の下宿代が三食つきで十五円から二十円という時代に、孝一郎は毎月五十円、百円と使いだしたので、さすがの実母も悲鳴をあげるようになり、実母と子は完全に仇同士《かたき》の姿になってしまった。

ある月、五百円を請求したときは、気丈な実母もあっけにとられ、孝一郎の顔を、言葉もなく呆然《ぼうぜん》と見ているよりほかなかった。そして、やっと口を開いた。

「そんな金が、どこにありますか。今日《きょう》までどのくらいあんたに使ったか。○○○円にもなるんですよ。金のなる木を持っているわけでなし、今はもう借金ですよ」

几帳面《きちょうめん》な性格の実母こまは、孝一郎が生まれてから今日まで、毎月の養育費、衣類、学校費用、小遣いなど、すべてにわたり細かくつけているので、合計いくらかかったかはハッキリわかっているのである。

しかし孝一郎は、ひるまなかった。

「では、京都市○○○の岩井こまという人はどなたですか」

「そんなばかなこと、なぜ聞くの」

「ばかなことじゃありません。その岩井こま名義で、第一銀行の支店に何月何日いくらの金を預けてあるが、あれは誰《だれ》の金ですか」

「まあ、どうしてそれを、あんたは……」

こまは心の底からおどろいた。あんなに秘密にしてある預金をピタリと当てられたので、まっ青になって孝一郎の顔をにらみつけると、孝一郎がニコニコ笑いながらさし出したのが一通の手紙であった。

これは前に下宿した学校の先生の二男からの手紙である。「岩井君、君のお母さんが僕の勤めている銀行に、何日いくら預けに来たよ」という内容であった。

さすがのこまもあきらめてしまい、とうとう金庫から孝一郎に金を渡すのであった。受け取った孝一郎は、

「本当のことをいえばいいのに。一人息子にウソばかりいうからよけいに使うのだ」

「金さえもらえば用事はすんだんでしょう。早く帰りなさい」

「帰るよ」

もらうまで喧嘩《けんか》、もらっても喧嘩である。

金を手にした孝一郎は、すぐ田舎へ走って、二、三日甘えるのが常であった。田舎の養母は心配してやかましくきびしくいうけれども、その言葉を素直に受け入れ、羊のようにおとなしい孝一郎であったが、実の母がたとえば「大金だから気をつけて」といえば「うるさい、わかっている」と、どなりつける。まるで狼《おおかみ》のような孝一郎になっているのである。

孝一郎自身も心の中では悪いと思いながら、言葉はどうしても乱暴になってしまうのである。これが仇いいんねんというのであろうか。孝一郎も心の中で、泣くことさえあるのだが、どうしようもない間柄であった。

かくして孝一郎は、二、三日田舎でゆっくりして上京した。

一方、実の母は、こんな銀行に預けておいたら孝一郎につつぬけであると考えて、さっそくほかの銀行と某商工銀行に預け直し、これで一安心と思っていた。ところが、その銀行が相次いで倒産したため、こまは一円の金も手に入らなくなった。

一人息子にやるのがいやなら、他人にやってしまえ、という理・姿が現れたのであった。さすがのこまも、大きなショックを受けて床にふせってしまった。

翌日、東京からその枕元《まくらもと》に電報が配達された。

「コウイチロウマタカネツカツタ　シンゾクカイギヒラク　スグコイ」

こまは、度重なるあまりにも大きな事件に、起き上がるどころか、猛烈な下痢《げり》になった。三日目にやっと起き出たこまは、おもゆを飲みながら、上京のため列車の人となったのである。

母の心痛

こまは車中で過去をふり返っていた。

娘時代から兄姉の多い中に育ち、親には絶対心配かけまいと、今日まで必死に働いてきた自分が、一人息子に反抗され、今は愛と憎しみが交互に心にくいこんでくるのであった。

東京駅に着いたこまは、亀戸《かめいど》の姉の家に急いだ。亀戸にこまの姉である仲小路《なかこうじ》はるがいた。彼女は工場を経営している女丈夫《じょじょうふ》の実業家であった。その姉の家に、孝一郎は世話になっているのである。

こまが玄関に入ると、出てきたのが孝一郎であった。こまは日ごろのたしなみも忘れた姿をしていた。しかし孝一郎は、

「お母さん、親類が集まって、僕を禁治産《きんちさん》、廃嫡《はいちゃく》にするといっているよ。僕は一人息子だよ、忘れないように」

と冷笑を浮かべながら二階へ上がってしまった。

こまは全身から力がぬけていくのを覚えた。何といっても一人息子のことだから、孝一郎が心からわびてくれるか、後悔しているのなら、勘当《かんどう》だけはやめようと希望を持ってきたが、玄関での孝一郎には少しの反省もない。その姿に一切をあきらめて奥

座敷に通った。

客室にはこまの兄姉たちが集まっていた。「皆さん、本当に心配をかけて申し訳ありません」とこまが挨拶《あいさつ》すると、兄弟は口をそろえて「孝一郎はもうダメだ。このままなら、おまえたち親子は破産だよ。今のうちにあきらめて財産を守るよりほかにないよ」といった。

こまは「私も今、玄関で孝一郎を見ました。もうすっかりあきらめています」と答えて、その場に泣き伏した。

いよいよ勘当の話になったが、この家の主人・はるの姿が見えないのに気がついた一人が「肝心のここの姉さんが見えないではないか。早く呼んでくるように」といった。

はるは、お客が見えているので、台所でお手伝いさんと、おひるの支度《したく》の最中であった。

勘当は解決にならない

はるは、熱心な天理教のおたすけ人（人様に神様のお話を取り次ぐ人）であった（はるの入信動機は初めのほうに、くわしく記しているので省略する）。

奥座敷に来たはるが、ニコニコしながら「皆さん、むずかしい顔をしておられて、何かご用ですか」といえば、男の一人が「姉さん、おこまも承知しましたから、孝一郎を禁治産にすることをご承知願います」といった。

すると、はるは前の庭を指さして、こういった。

「皆さん、あの庭をご覧なさい。このあいだ植木屋さんに頼んできれいにしたと思ったら、もうあんなに草がはえています。

どこの家でもこれと同じです。よいいんねんと悪いいんねんとをまいています。

よいいんねんは私たちがいただいて、こんなに結構になっているんです。もちろん各自の働きもあります。努力・働きが五で、徳が五となっているのです。悪いいんねんは可哀想に、あの孝一郎が全部引き受けているんです。孝一郎は犠牲者なんですよ。おこま、あなたが一人息子に、こうして親不孝されるのは、あなたのおわびです。勘当して解決するものではありません。いんねんは所をかえて私たちに現れてきます。おわびよりありません」

このはるの言葉に、母のこまは身体を畳に投げて、くやし涙にくれておこった。

「何というなさけないことを姉さんはいわれる。私は兄妹中でも一番親に心配かけずにきています。おこまはちょっとも心配かけないから、かえって心配だといわれてきているのに、親不孝しない私が、親不孝した息子におわびせよ、あやまれとは、天地さかさまの話ではありませんか。そんな、ばかばかしい話は聞いていられません」

がんとして受けつけず、それからは姉の言葉を一切聞かず、口もきかなくなった。

伯母の真実

しかしはるは、ひるまなかった。はるには大きな信念があった。それは三年前、自分がある宗教の二十年の先達《せんだつ》から、この天理教に転向したのは、この妹親子の事情をたすけるために親神様がお引き寄せになったのだと信じていたからである。

自分がたすかって喜ぶのはいいが、この親子をどうするか。憎まれても叱《しか》られても、この親子をたすけずにはおれないとの信念から、はるは勘当に絶対反対をした。そして、こまに話しかけるのだが、こまは聞こうとしない。

一方、他の兄妹たちは、孝一郎をこのままにしていると何をするかわからない。今は親から金をしぼりとっているけれど、これから先、何をするかしれたものではない。必ずそのうち、われわれのノレンに傷をつけるか、信用をなくするようなことをするに違いない。今のうちに早く勘当したほうがよいと、毎晩集まってはるを説得するが、はるはがんとして聞き入れない。

勘当しただけで解決するものではない。所をかえて、この悪いんねんは必ず出てくる。悪いんねんを切るには、こまをはじめ、見るもいんねん、聞くもいんねんといわれているんだから、こちらも共におわびするしかないと主張してゆずらない。

このはるの孝一郎に対する捨身の愛情に、こまは感激せずにはおられなかった。姉さんは私に対しては、孝一郎におわびだおわびだと腹の立つ、いやなことをいわれるが、こと孝一郎に関しては、可哀想なのはあの子だと、母親である私があきらめているのに、姉さんはわが子でもないのに、わが子同様にかぼうておられる。何という真実な姉さんであろうか。

かくしてついに、三日間にわたるはるの真実がこまの魂にふれ、姉への腹立ちもとけ始めた。その夜こまは寝床の中で、はるから聞かされた話をかみしめてみた。

通ってきた道は必ず通り返さねばならない。まいたる種はみなはえる。大根の種をまけば大根、人参の種をまけば必ず人参がはえてくる。種どおりにはえてくるのが天の理である。これをさとらなかったら解決はしない。それにはおわびしかない……こまの目は、ますますさえてくる一方であった。

母のきびしいいんねん自覚

こまはその夜中、ついに一つの大きないんねんを自覚したのである。

それは、自分の現在の商売や金の入ってくる道が、法律にはもちろんふれているわけではないけれども、決して美しい道とはいえず、陰では、しっとやうらみの涙がまじっていることもあり得るものであることを、こまはさとるようになったのである。

翌朝こまは孝一郎を呼んで、二階の客間に案内した。客間の床の間の前に座布団が一枚おいてあった。こまは静かに「その上にお座り」と孝一郎にいった。

孝一郎は母の冷静な態度に押されて、何の抵抗もなく座ってしまった。

こまは「少し待っていてほしい」といって、下へ降りて行った。孝一郎は、いよいよ勘当をいい渡すために伯母はるを呼びに行ったのだと思った。まあいいや、自分は一人息子だからと、平気で勘当をいわれるのを待っていた。

息子にわびる母

やがて階段を上がってくる足音が聞こえてきたが、母の足音だけだった。おや、伯母をつれてこなかったのかと思っていると、ふすまが開き、母が孝一郎に向かって両手をついて座っているのが目に入った。頭の髪は美しく結《ゆ》い直し、着物の上に紋付の羽織《はおり》を着ていた。乱れがちであった母が、もとの姿にかえっていた。

おやっと思った孝一郎にこまは、むせび泣きながら話しだした。

「孝一郎、あんたは岩井家の悪いいんねんにあやつられて、さぞかしつらかったでしょう。この母が悪かったために肩身のせまい思いをさせて申し訳なかった。この悪い母を許しておくれ」

この声が聞こえてきた瞬間、孝一郎は電気にかかった思いがした。孝一郎は、なるほど一年半も母に反抗し、湯水のように金を使い、親不孝の限りをしていたが、しかし彼とても、彼なりに悩み苦しんでいたのである。酒もビールも飲まないので、真夜中に目をさませば、やはりきびしい自己反省をし、苦しみぬいていたのである。

自分は今、奈落の底へ落ちている。前途はまっくらである。どうしようもない、その悩み・不安・あせりをごまかすために、また刺激を追っていくので、決して腹の底から笑ったこともなかったのである。

また、従兄《いとこ》たちと集まっても、彼らは学校や商売のことを楽しそうに話しているのに、自分は毎日が無茶苦茶な生活で話の仲間入りもできず、一人ぼっちで肩身のせまい思いをしていたのである。

それが今、思いもよらず母の口から出たやさしい言葉。母もこの自分の苦しみを知っていてくれたのかと思うと、孝一郎は母の真の愛情を知って、生まれてはじめて、もの心ついてはじめて、無我夢中でこまに抱きついて泣いた。

そして心の底から「お母さん、僕が悪いんだよ。お母さんじゃない。許してください」と大きな声でわびれば、こまも思いもよらぬ息子の態度にわれを忘れて抱きつき、感激のあつい涙を流すのだった。

こまにしてみれば、家のよいいんねん、よい道、よい種は全部自分たちが頂戴《ちょうだい》して、こうして結構な日々を送っていながら、岩井家の悪いいんねんなり自分自身のほこりを、何の罪もない可愛《かわい》い一人息子にかぶせてしまって、なお親不孝者とうらんだことは申し訳なかったと、親神様・教祖《おやさま》におわびしただけである。それに対して孝一郎が、今まで見たこともない、想像したこともない姿になってわびてくれた姿に、夢かとばかりおどろいたり感激したりして「私が悪いんだよ、許しておくれ」とくり返せば、孝一郎もたまらなくなり、「いや、お母さんじゃない、僕ですよ」と自然に声が大きくなり、二人はこうして泣きながらわびつづけていた。

お互いにゆずり合う世界

この声を下で聞いたはるは、また二人が喧嘩しているのではないかと、大急ぎで二階へ上がってみれば、喧嘩どころか二人が抱き合っている姿に「あんた方は……」といったまま、はるも二人を抱きしめて泣きくずれてしまった。

このはるの涙こそは、おたすけ人としての涙である。たすけられた者の喜びも、さることながら、二倍も三倍もの大きな喜びは、たすけた者の喜びである。

やがて孝一郎は母に向かって「これからはお母さんのいうとおりになりますから」といえば、こまは「いや、おまえのいうとおりにするから」といいだした。

今まで母と子は反対の意向で、一年半も反抗してきた。この母と子が一時間も経たないうちに、お互いにゆずり合う姿が現れてきたのである。

こまがわが子を思うとおりにしようと思えば子供が反抗し、孝一郎が自分の思うようにしようとすればこまが聞かない。こんな世界が、お互いにゆずり合う世界に変わったことは、われわれ人間の日常生活に何かを教えているようである。

修養のため本部に

こうした親子のゆずり合う姿を見ていたはるが「孝一郎はまだ若いんだから、これから何をするにも信仰が大切だよ。ちょうど天理教の本部に修養する学校があるのだけれど、そこへ六カ月行ってきたらどうだろう」というと、母も「それはちょうどいいでしょう。孝一郎、そこへ行ってちょうだい」という。

この言葉を聞いた孝一郎は「あの天理教か……」といったまま黙ってしまった。しかし考えてみれば、母のいうとおりにするといった以上、今さら断ることもできないし、さんざん好き勝手、わがまま一杯をやってきた自分だと思い、ともかくそこへ行って新しい人生の出発をするよりほかにないと決心をした。

教校別科というのは六カ月在学（現在は三カ月で修養科と呼ぶ）で、男女にかかわらず入ることができ、学歴などは一切問わない。したがって大学出も小学出も、また職業は会社員、商売人、農家の人と、あらゆる立場の人たちが修養のために来ている。

日常生活はだいたい朝五時から夜十時までで、日曜以外は学校で教理を聞いたり、おてふりの練習をし、午後はひのきしんをすることになっている。神殿・教祖殿・祖霊殿、あるいは回廊の清掃ひのきしん、また土持ちひのきしん、さらに宿舎である詰所においても、それぞれのひのきしんが行われ、毎日が忙しい。

孝一郎は天理教に対する知識は全然持っていなかったために、刑務所よりは少しましであろう、どうせ六カ月辛抱すればいいのだからと、軽い気持ちで来た。来てみておどろいたのは、指導する人たちの親切心であった。相当な立場の婦人が炊事場で、あるいは信者の部屋へ来て自らサービスするのであった。

「よう帰ってこられましたなあ」といいながら、農家らしい素朴な老婦人がお茶を孝一郎の部屋へ持ってきてくれたとき、孝一郎は「帰ってきたんじゃない、お参りにきたんだよ。それにこのお茶は、まるで馬の小便みたいだなあ」と悪口をいった。

すると、その老婦人は「おもしろい青年さんやねえ、ホホホ……」と笑って、温かいまなざしを与えて去っていった。そのあと孝一郎をつれてきた世話係から「あの方は大教会の役員先生の奥様ですよ。失礼なことを申しあげて、私はハラハラしたよ」と注意されて孝一郎はびっくりした。「あの田舎くさい老婆が、あの有名な先生の奥さんか」と孝一郎は、これまでの社会で全然ふれなかった温かい親切な真実にふれた思いをした。

孝一郎はまだ天理教の教理に感じたことはなく、はじめは伯母の真実、ついで母の真実の愛に接してここへ来た。そしておぢばでまた温かい真実・親切にふれて、自分が今まで考えていた天理教とは全く違っていることを知った。

日が過ぎるに従って、天理教の人たちは、孝一郎を責める心がなく、いんねんに負けてやってきた気の毒な人であるという同情の目で見守っていてくれることを知った。

この空気によって、わがままな孝一郎も、この生活に耐えられたのである。

まわりがいいので

一カ月ほどして母のこまが京都からやってきて「辛抱できるか。大丈夫か」と、まるではれ物にさわるような思いで、心配そうに聞いた。あーはいったものの、逃げ出さないかと気にしていたのである。

しかし、孝一郎が明るい顔で「大丈夫だよ。この一カ月、僕は腹を立ててないんだ。喧嘩《けんか》口論をしたこともない。自分ながら感心しているよ。大した修養ができたもんだ。

安心しなよ」と答えると、母は全身にうれしさを表しながら、嬉々《きき》として帰っていった。

しかし、これは孝一郎の思い違いであった。腹を立てなくなったことは事実であったが、それは孝一郎が腹を立てないのではなくて、周囲の人たちが心のできた人が多く、孝一郎がわがままをいってもおだやかに受けてくれていたためで、孝一郎はそれを知らなかっただけであった。まわりがいいから、腹を立てさせられなかったのである。

喧嘩口論をしないのではなく、させられなかったのである。

母が帰るとき、一カ月の小遣いとしておいていった十円を手ににぎりながら、孝一郎は今さらのように、金の尊さ・ありがたさをしみじみと知るのであった。

今までは一晩で五十円、あるいは百円使ったこともたびたびあって、金の尊さを知らなかった孝一郎が、はじめて金にこもる真実を知ったのである。

別科においては、組に一人の病人や事情に悩む人ができると、同じ組の者全部が、それを自分の病気や事情と受け止め、共に神殿に参拝して、その人のために祈った。なかには好きな煙草《たばこ》を期限を切ってやめ、親神様にお供えしたり、夜中ひのきしんに出たり、教祖のお墓地につれだって参拝して祈る姿は、孝一郎に無言の教理を教えていくのであった。

ある別科生は社会にあっては名もない一隅の老婆であり、学問のない農家の人であっただろう。しかし、その話していること、実行していること、そしてまた常に他人の喜び・幸せを祈っている姿を見たとき、孝一郎は、ここに社会的に有名な人より、はるかにまさっているすばらしい人たちがあることを知り、心から尊敬するようになった。だんだんと人間の本当の尊さというものに目覚めていったのである。

教理篇（二）

身体のひのきしん

おつくしのひのきしん

にをいがけ・おたすけのひのきしん

八つのほこりについて

まいたる種ははえるか

身体のひのきしん

ひのきしんはご恩返し

天理教の信者が道路や公園の清掃に真剣に働いている姿を、よくご覧になるでしょう。これはむろん無料奉仕ですが、どうして天理教の信者が自分のためではなく、他人のため社会のために働くことに大きな喜びを持つのでしょうか。これには深い理由があります。

こうした行為は、ひのきしんの一つの現れですが、その根本は、やはりかしもの・かりものの信仰からきていると思います。

私たち人間は親神様のご守護によって生かされているのです。私たちの毎日いただいている食べ物、お米も野菜も魚も肉も、これまた、すべて親神様のご守護であり、お恵みによるものです。この空気も水も、太陽の光もまた、それにほかなりません。

こうした大きなご恩を受けて本当にありがたいと心から感謝し、その喜びを自分だけのものにしないで、人様の喜ぶこと・お役に立つことの上に捧《ささ》げてゆく行為、これがひのきしんだと思うのです。

だからひのきしんは、ご恩返しであるという信念が根本になければなりません。

ご恩返しでありますから、そこにはもちろん欲を忘れる心であるべきは当然です。人間として欲のない者はありませんが、ひのきしんの場合は、欲を忘れてのご恩返しです。それが行為に現れる姿は千差万別ですが、公園や道路の清掃も、その一つにほかなりません。

このご恩返しという考え方は日常生活の姿勢にも関係してまいります。

たとえば天理教の信者は、どこに勤めても、ただ月給をもらうために働くというのではありません。もちろん不満をもって働くのでもありません。こうして今日《きょう》一日働けるのも、親神様のご守護あればこそと感謝して働かせていただくわけです。自分の与えられている知能・技術・時間を自分の職場に捧げ、職場を通じて親神様へのご恩返しをさせていただこうと思って働いているのです。したがって、怠《なま》けたり、陰日なたをせず、何事においても、どんなつまらないようなことに対しても、真心をこめて勤めるよう努力するのです。

そして月給は親神様からのお与えであるとして、ありがたく受け取ります。

原典にみるひのきしん

みかぐらうたでひのきしんについて、次のように教えられています。

やむほどつらいことハない
わしもこれからひのきしん
（三下り目　8）

ふうふそろうてひのきしん
これがだい〳〵ちものだねや
みれバせかいがだん〳〵と
（十一下り目　2）

もつこになうてひのきしん　（十一下り目　3）
なにかめづらしつちもちや
これがきしんとなるならバ　（十一下り目　7）
いつ〳〵までもつちもちや
まだあるならバわしもゆこ　（十一下り目　5）
よくをわすれてひのきしん
これがだい〵ちこえとなる　（十一下り目　4）

毎日壮健に働ける幸せをしみじみさとれば、ひのきしんに勇み立ちましょう。さらに、夫婦そろうてひのきしんさせていただくのが、幸せの物種《ものだね》であることを心得ましょう。おぢばでの土持ちひのきしんにも努力させていただきましょう。それも自ら進んで、いつまでも変わらぬ心で勤めたいものです。

また欲を忘れること、これが肥となって幸せが築かれるといわれています。

また、天理教教典第八章には、次のように述べられています。

「日々常々、何事につけ、親神の恵《めぐみ》を切に身に感じる時、感謝の喜びは、自《おのずか》らその態度や行為《おこない》にあらわれる。これを、ひのきしんと教えられる」

「ひのきしんは、信仰に燃える喜びの現れで、その姿は、千種万態である。必ずしも、土持《つちもち》だけに限らない。欲を忘れて、信仰のままに、喜び勇んで事に当《あた》るならば、それは悉《ことごと》くひのきしんである」

なお、ひのきしんは一時の行為ではなく、日常の絶えざる喜びの行為であります。と同時に、自分一人にとどまるのでなくて、他の人たちをも感化し、心ある者が次々と相たずさえて、その喜びを共にし、その輪を広げてゆくことが望まれます。

ひのきしんする心はあっても、実際に行為として現れなければ意味はありません。身体《からだ》でもってご恩返しをさせていただく、そこに、ひのきしんの喜びが味わえるのであります。教会の普請などに身体でもってつとめさせていただくのも立派なひのきしんです。

心の道場

以下は、ある県の知名人が入信されてからのひのきしんの姿であります。

田川《たがわ》さん（仮名）は戦時中、大きな町の農業会の理事長を務めた有力者であり、県の理事、さらには中央の理事にもなって、なかなか羽ぶりをきかしていました。終戦後はおきまりの公職追放のうき目にあいましたが「男としてやるだけやったのだから心残りはない」と、あっさりあきらめて、文字どおり風月を友とする生活に入りました。

ある夜、この町の信者宅で講演会が開催され、田川さんも友人から誘われて、ひやかし半分に顔を出しましたが、そのお話の一節にガンと頭を叩《たた》かれる思いがしました。

「よい種は土の中にまき、悪い種は道路にまくこと。言葉をかえていうならば、よいことをしたら、それを人に話さないで隠すこと。悪いことをしたらさんげする。これほど安全な人生はない。

なぜなら、悪いことをさんげするのは、悪い種を道路にまくようなもので、まいてもはえないだろうし、たとえ五まいても五しかはえないので安心である。よいことをして隠すのは、よい種を土の中にまくようなもので、一時は姿を消しても、やがて土の中から天にとどくような大木ともなり得る。こうなれば、子孫末代まで栄えるであろう。

ところが実際にぶつかると、この反対に、よい種は道路にまきたがる、悪い種は土の中にまきたがるのが人間の常である。すなわち、よいことは人にいいたがる、見せたがるが、悪いことは隠したがるもので、それでは悪い種が生えて天にとどくようになり、子孫を滅ぼす運命がくる。これほど不安な人生はない」

これを聞いて田川さんは、今までの自分をふり返らずにはおれませんでした。

――自分はこれまで、よいことをしたときは皆に見せたり話したりして自慢をしてきた。いわば道路の上にまいてきた。反対に、悪いことは皆、隠して知られないようにしてきた。つまり土の中にまいてきた。寄付もそうだった。ずいぶん、たくさん幾口もしてきたが皆、発表されるところに力を入れて、みんなに知られない寄付は少額にしてきた。あー、思えば危ない人生を歩いてきたものだ。自分はよいことをしてきたから、だいぶよい種を残してきたと安心していたが、この話を聞くと、あまりよいことが残っていない。何とさびしい人生であったことか。えらいことばかりしてきたものだ。どうしよう——

夜おそく帰ってきた田川さんは、さっそく奥さんに今夜の心境を話しました。

それから二カ月後、田川さんはおぢばにある心の道場・修養科に入りました。

これまでの経歴が経歴であるため、修養科でも詰所でも、断る田川さんに無理やり役を押しつけました。「これは困ったことだ。こんなに役がついて人様の上に立つならば、入った甲斐《かい》がない」と迷っているうちに、今さら断る口実もなく過ごしていましたが、二、三日して「表面に出る役につけられたのなら、裏のつとめとして一番低い便所掃除をさせていただこう」と決心をしました。

翌日、早朝に便所に駆けつけ、さあ始めようとすると、皮肉にも便器の後ろがどっさりと汚されていました。田川さんはむかっ腹を立てて「子供じゃあるまいし、大人が、しかも修養科生が何たるざまだ。これはけしからん、実にけしからん」とブツブツいいながら、新聞紙を何枚も使って、手できれいに掃除をしました。

次の朝、今日は大丈夫だろうと便所に行くと、やはり同じような有り様だったので、「何ということだ、人をばかにしている」とムカムカしましたが、フトきのう先生から聞いた、通り返しのお話を思い出しました。

そうだ、戦前から終戦までの長い道中、いつも人の頭に立って命令したり、人を使うばかりの人生であった。高い心で毎日、人を動かしてきた。その通り返しとして、この修養科に入った自分ではないか。それを、こんなことぐらいで、腹を立てているようでは何にもならない。この大便をかけて汚してくれる人があればこそ掃除させていただけるのだし、高い心の私が低い心になれるのだ。

こう思うと、心から喜んでできるような気持ちがして朗《ほが》らかになりました。

翌朝もまた汚れているだろうと楽しみにして便所に行ったところ、汚れていませんでした。かえってガッカリして、何かもの足りないようなさびしい気がするほどでした。しかし、その中にも掃除道具に手をかけ、修了するまでそれをつづけました。

子供扱いから大人扱いに

今日は田川さんが修養科から帰った最初の月次祭《つきなみさい》です。どんな役が当たるだろうか、教会では私が帰るのを待っていてくれたのだから、さぞかし大切に迎えてくれるだろうと、心も軽く楽しんで教会に運びました。

ちょうど祭典が始まろうとするときで、大勢の人たちが礼拝場に座っていました。教会の奥さんに「今日はおそくなりました」と挨拶《あいさつ》すると、「何をしてらっしゃるのよ。ずいぶんおそいじゃありませんか。おまつりは早くからきて、待っているから、まつりというんだと私は聞かされましたよ。待つ理がまつりですよ。修養科を修了したあなたなら、もっと早く来て、いろいろとお手伝いのひ、の、き、し、ん、をしてもらわないと困りますよ」と、おこごとをいただいて、おどろいたのは田川さんでした。

修養科に入る前は、参拝すると「ようこそお忙しいのに」と座布団を出してくれ、お茶を入れてニコニコと歓迎してくれた奥さんが、今日はそんな態度ですから「すみません」とやっと言葉は出したものの、しばらく呆然《ぼうぜん》としていますと「新しい信者さんが見えましたよ。田川さん、布団を出してあげてください。お茶も頼みますよ」と、次から次へと用事をいいつけられて田川さんは、ますます心がおだやかではありません。

そのうちに祭典が始まりましたが、田川さんは何の役にもつかされず、雑用ばかりで夕方になりました。帰り際に「田川さん、教祖《おやさま》の年祭のご奉公しっかり頼みますよ。もう修養科を修了した一人前のよふぼくですからね。まあ今日はご苦労さんでした」と、はじめて奥さんが笑顔を見せました。

「はい」と答えましたが、帰り道、田川さんはおもしろくありません。

一人前のよふぼくなら、よふぼくらしい用事をさせたらいいではないか。今日の奥さんの態度は私を小僧扱いにしている。けしからん話だ。修養科へ入るまでは温かい親心であったのに、修了して帰るとコロリと変わっている。教会の奥さんは新しもの好きのお天気屋さんだと、次から次へ不足心をわかして心は暗く、足もと重く帰途につきました。

二週間ほど経《た》ったある日の朝、修養科同期生の友人が訪ねてきました。

「田川さん、今日は上級教会で講習会がありますから、行きましょうよ」

「いやだよ。あんたは病気をたすけてもらい、親神様をしっかりつかんでいるから幸せじゃが、私はな、病気も事情もなく教理を聞いただけで入信したんじゃ。教理には感心するが、人間には感心せん。行くのはいやじゃ」

「まあ、そういわずに、今日一日だけ私につき合ってくださいよ。教会の奥さんも心配しておられるらしい。親神様・教祖に、あんたを不足させたとおわびしておられるんだから」

「あんな冷たい態度をした奥さんが、おわびするなんて考えられないな」

「じゃあ田川さん、修養科中に、人間は一人だけでいい、その人のいうことなら絶対に聞くという人をこしらえておけといわれたな。あのとき、あんたは『よい話を聞いた。私は頑固で、人のいうことをなかなか受け入れないから、今日からはあんたを、その一人と思って通る』といわれたね。私も、『それじゃ私も、あんたのいうことは絶対に聞くことに定めた』といい、二人で誓い合ったじゃないですか」

「わかった、行くよ。負けたよ。さあ行こう」

行ってみると講習会は、にぎやかでした。そこで、こんな話が心にこたえました。

「修養科へ入る前は子供であるが、修了後は大人になったのである。今までつれて通ってもらった者が、人をつれて通るようになる、これが大人の理である。親とか大人というものは、たすけて喜ぶことのできるものである。修養科は子供から大人へ成人する道である」

これは自分一人に聞かせてもらったように思えて、曇《くも》った心が晴天の心になりました。

教会の奥さんが、あんなにきびしくいわれたのは、自分を一人前の大人扱いにされたのであるということが、心の底からわかったのです。

おつくしのひのきしん

お金というもの

おつくしということは、お金を神様にお供えすることですが、これもひのきしんといえるでしょう。おつくしのひのきしんといってもいいかと思います。

お金といえば、ほらまた天理教ではお金を出せという、と、すぐ考えられるかもしれませんが、いったい金を出すことは天理教に限ったことでしょうか。

一般に金ということについて考えてみましょう。金はあらゆる品物の代価であり、代表であります。どんな物品にも、大切な食料品にも化けます。

しかし、その金の使い方によっては、味方とも敵ともなります。

親ががめつくためこんだ金を息子が使い果たし、身体《からだ》をこわし、家庭まで破壊してしまう事実をよく見受けます。反対に、すばらしい金の使い方によって、金にかえられない生命、また徳、よい家庭を頂戴《ちょうだい》することもあります。金を集めることよりも、その使い方が大変むずかしいことを、しみじみと感じます。

さて、金の出て行く先を考えてみましょう。現在、金のいらないのは、おそらく空気だけでしょう。ほかのことでは全部金がいります。世の女性にしても男性にしても、デパートで何か手に入れるためには金を出して払います。その金の価《あたい》だけが品物となって返ってきます。そして喜びもついてきます。ある女性によっては虚栄心も返ってきます。

一方、男性がキャバレーやナイトクラブで美しいホステスと楽しんでお酒を飲めば、それだけの価を出さねばなりません。これによって純粋に楽しむ人もありますが、なかには発展して色情の世界に走り、自分の運命や家庭をこわしてしまう場合もあります。

競輪、競馬などのギャンブルに毎月、何万何十万と使う人もあります。働かずして僥倖《ぎょうこう》を願っていては、怠《なま》け心が返ってくるという結果になるでしょう。

お供えとは

天理教の人たちは、こうした方面に出す金の使い方には実にケチでありますが、自分の運命がよくなり、人様の運命がよくなるための活動費には、実に気前よく出します。

かくすることにより、自分の悪いいんねんが善いいんねんへ切りかわり、また子供のための徳を積むことになると信じています。

金がほしい、金さえあればほしい物は何でも手に入ると思って暮らしている人に、じゃあ君のほしい物はいくらでもやるから、そのかわりに命をくれといったら、いやだと断るでしょう。ここからすれば、金より命が大切だと誰《だれ》もが思っているわけです。

私たち信者は、その一番大切な生命を守ってくださっている親神様に感謝し、そのご恩におこたえするために金を使い、金を出させていただくのです。

具体的に申しますと、親神様の思召《おぼしめし》である陽気ぐらし世界実現のために、自分の持てる力、知恵、金を使わせてもらうよう努力するのです。その思召を人々にお伝えして、たすかっていただくようにという心を第一として、たすけ一条につとめるのです。さらに、たすけ一条のために必要な布教費や教会の費用に使っていただきたい、と金を出しているのです。

にをいがけ・おたすけのひのきしん

おいしいうどん屋の場合

とてもおいしいうどん屋があると、誰《だれ》でも、あの店のうどんはうまいといって、まだ知らない人たちにそれを教えます。

この場合、自分がうどんを食べておいしかったから、自分だけ黙って楽しんでいてはもったいないというので、自然に人様に話をして、熱心にその店に案内します。そして「どうです、本当においしかったでしょう」と、食べた人よりつれて行った人が、二倍も喜んでいます。こういう姿が私たちの生活の中によくありますね。

また電車の中で、こんな光景を見受けます。たとえば目の不自由な子供をつれたお母さんに、全然知り合いでない人が、隣の席から話しかけます。

「お嬢さんは目がご不自由なんですか」
「はい、どの医者にかかってもダメなんです。もう半分あきらめているんです」
「実は私の娘も眼病で困っていたのですが、A眼科の院長さんに治療してもらって、すっかり治りましたよ。まあだまされたと思って行ってらっしゃいよ。○○町ですから」

天理教の信者が、神様のお話を聞いてくださいといって、あちこちのお宅へお伺いするのは、これと同じ思いなのです。

もう少し深く申しあげますと、自分だけたすかってありがたいと喜んでいては申し訳ない、そういう気持ちからなのです。

たとえば次の、池の話のようなものです。

自分だけ帰るばかはいない

池の中にたくさんの人が落ちて、何とかたすかろうと、必死の努力を払っているとします。ちょうどそのとき、通りかかった人がいて、誰かが一番先にたすかったとしましょう。

そのとき、とても喜んでその人にお礼をいい、家に帰って朝夕その方を命の恩人としてあがめ、そのご恩を忘れない人がいたとします。

簡単に考えると、この人の態度は、ご恩を知ったすばらしい人のように見えますが、本当は薄情な、恩知らずの人間であるわけです。

本当は、自分が先にたすけられたそのお礼はしてもいいが、次にぜひともしなければならないのは、自分をたすけてくれた人と共に、まだ池に落ちて苦しんでいる人たちをたすけるべく努力して行動するのが、人間のつとめなのです。

自分はたすかったからと喜んでばかりいて、まだ池に落ちている人たちには知らん顔をして帰る人はいないと思うのです。もしいたら、その人はばかだといわれましょう。

そのとおりです。人間であれば誰でも、たすけるべく努力するはずです。

これと同じく、私たちが天理教の教えを聞いて、本当にたすかった、ありがたい、よい運命への道がはっきりしたと感謝するならば、まだ、この教えを知らないで人生の荒波にもまれて苦しんでいる人々に、お話をさせていただき、たすかっていただこうと努力するのが当然でありましょう。

こうした気持ちから、悩み苦しんでいる方々に呼びかけるのがにをいがけです。

　ひとことはなしハひのきしん
　にほひばかりをかけておく　（七下り目　1）

とのお言葉どおり、たとえ一言でも、私たちの信仰の喜び・感激を他の人々にお話しさせていただこうという行為は、立派なひのきしんなのです。

現在こうした気持ちから、にをいがけ・おたすけ（布教）のひのきしんをしている人が何十万といます。商売をしながら、あるいは勤めながらしている人もいますし、また一切の自分の生活を捨てて、専門に布教している人もいます。それぞれ内容は違いますが、人様にたすかっていただきたいという心は同じであります。

八つのほこりについて

ほこりのもと

先に記しましたように、天理教の信者は、病気とか交通事故などの身上《みじょう》・事情は、親神様の親心からのご注意・お知らせであると受け取ります。あるいは不幸な世界から幸福な世界へ導いてくださるお手引きであると信じ、それに対してきびしい反省をいたします。

それでは、そんな心遣いをしていては幸せになれない、危ないと親神様からご注意くださる人間の心遣いとは、いったいどんな心遣いでしょうか。

親神様は、それを反省するよすがとして、それを八つにわけ、しかも埃《ほこり》にたとえて、ほこりの心遣いとして教えられています。その八つとは、次のとおりです。

をしい、ほしい、にくい、かわい、うらみ、はらだち、よく、こうまん
そのほかに、うそと追従《ついしょう》も戒めておられます。

この八つのほこりのもとをきびしく反省してゆくと、わが身可愛《かわい》い心が、その根本をなしているような気がしてなりません。わが身可愛い心から、あらゆることが出てくるようです。ケチも、やたらに物や金や権力をほしがることも、さらには人をにくむことも、高慢も、全部わが身可愛い心から発しているような思いがいたします。

このように、人はどうでもよい、わが身さえよければという心遣いが、すべてのほこりとなり、そのほこりが積みかさなって、いんねんとなってわが身を苦しめ、親神様にご心配をかけることになるのです。そこで、それではこの先幸せになれないよ、今のうちにしっかりと反省しなさいよというので、親神様が病気や事情を現して私たちにお知らせくださるのであります。

わが身可愛いという心の反対は、わが身どうなっても人様のためにつくそうという心遣いです。この心遣いが、八つのほこりをなくする根本的な心遣いであると私は信

じます。

この、わが身どうなってもという心遣いは、実に美しい心遣いでありますが、なかなかこうした心は使いにくく、人はどうでもよい、自分さえよければという心遣いに走りがちなのが、私たち人間の常であります。

私もそれをしばしば体験して、実になさけない、いやな気持ちになっておどろきます。

私は割合潔白であり、わが身可愛い利己主義的なところは少ないと、うぬぼれていましたが、とんでもない、実に汚い、ケチで、惜《お》しい心遣いをしている人間だとわかって、自分ながらあきれてしまったことがあります。

戦場での煙草

それは戦場での思い出です。

戦場というところは、人間の本当の姿が出るものです。ある町から山の中へ一週間の討伐《とうばつ》命令が出ましたが、私はどうも一カ月くらいかかりそうな予感がしたので、戦友に煙草《たばこ》だけは一カ月分持って行けと話したのですが、誰《だれ》も相手にしません。師団長命令だから絶対にのびることはないというのです。

戦友たちは一週間分、私は一カ月分の煙草を持って出かけたのですが、私の予感が当たって、山の中に四カ月も暮らすことになりました。

一番困ったのは煙草でした。戦友は青くなっています。しかし私が、ゆうゆうと吸うので、皆が一本くれと申しこみます。もちろん私は気前よくやりました。ところが二、三日すると、私の心に大きな変化が起きました。一本やることはやるのですが、気持ちよくやれなくなったのです。

私と同じように、ちゃんと持ってくれば困らないのだ、私が忠告しているのに聞かないからこうなったんではないかと、つい不足をして、一本やるのに相手をにらみつけてやるようになったのです。相手は私がどんな顔をしようが、一本もらうのに必死です。

ところが、ある夜、わらの中に寝ながらフト気がついたのです。

このごろの自分の心遣いを反省すると、全くケチな男になり下がっている。煙草一本やるのに、にらみつける始末だ。どうしてこんなに惜しい心遣いをしているのだろうか。

それは自分が可愛いから、人にやるのがいやになってくるのだ。結局、煙草が好きなところから、人にやればなくなることをおそれてケチになっているのだ。すると好きな煙草をやめない限り、ケチな心はなくならないはずだ。

こう考えたとき、私は、わが身可愛い心、利己主義の心が、八つのほこりを積む根本ではないかと、そのようにさとったのです。

そこで、この惜しい心遣いをとるには、この際、好きな煙草をやめるよりほかに道はない。やめたらいらない。いらなければ人にやることも平気になれるだろうと考えまして、真夜中に外に出て、親神様《おやさま》・教祖に心から自分の心遣いのおわびをして「今日《きょう》限り、十分に煙草が入るまでやめます」とお誓いをしたのです。

翌朝、私は全部の煙草を戦友たちの前に、気前よく出してしまいました。すると、えらいものですね。本当に吸いたくなくなったのです。

なお、このときに煙草をやめたのは、わが身可愛い心をとるためにしたことはもちろんですが、もう一つ大切なことがあるのです。煙草を一本もやらなくても、毎日吸っていますと、十五日か二十日くらいあとには、どうせなくなるのです。そのとき、のみたいのになくなったという状態を考えると、私は耐えられないと思ったのです。

戦友は、煙草がなくなったことについての苦しみは乗り越えて、もう楽になっているのに、そのときになって私一人が苦しむ姿を考えたとき、とても乗り越えられないのではないか。今あるうちにやめたら、自分が進んで煙草をやめたことになるが、なくなってからやむを得ずやめると、煙草から私がやめさせられたことになる。同じ苦労をするにも、こちらから追いかけて苦労するほうがいいのではないか。なくなってから苦労するのは、苦労に追いかけられて、しぶしぶ苦労する姿である。そこに大きな違いがあるのではないかと、反省したわけです。

ほこりの払い方

では、八つのほこりを払うには、どうしたらいいでしょうか。

ほこりというのは天理教独自の表現ですが、世界の各宗教もそれに近いことを教えています。キリスト教では罪といっているようですが、この罪はざんげや告白などによって救われるといっているようです。座禅を組むのも、ほこりを払う一つの手段とも考えられますが、へたな者が座禅を組むと、よけいに雑念が出て困ることもあるといいます。「南無阿弥陀仏《なむあみだぶつ》」と唱えるのも、また太鼓を叩《たた》いて「南無妙法蓮華経《なむみょうほうれんげきょう》」と唱えるのも、似た意味があるかと思われます。

いずれも結構ですが、私のようなほこりの深い人間は、こんなことでは払えないような気がします。

では天理教では、ほこりを払う道を、どう教えているでしょうか。

一口に申しますと、人をたすけることによってほこりを払うことを教えています。

人様にお話をしたり、また病人さんをおたすけさせていただくことによって、自分の心のほこりを払わせていただくのです。

天理教は拝み信心ではありません。親神様・教祖を拝み、お願いするだけではないのです。拝むとは、時に親神様に受け取っていただけるだけの心をつくるよう、常に努力するのです。当然ほこりの心遣いを反省します。

たとえば胃病の方に対してのおたすけの場合、どうさせていただくかといいますと、まず親神様が、この病気を通じて何をお知らせくださっているかをお話しいたします。だいたい、胃の悪い方は、まじめで几帳面《きちょうめん》な性格の方が多く、自分が正しいと思う反面、人に対してもきびしくなるようです。人の欠点がよく見えて、自分の正しさを主張してゆずらない傾向があるのではないでしょうか。

だから、はたの人たちは、その頑固さに閉口することも多いようです。自分は正しいのですが、よく考えると、それによって人の心を傷つけている場合があります。

そうしたことをお話しして、やさしい、低い心になること、また人の欠点を許す心になることをお勧めいたします。

もちろんこうした場合、素直に反省してはもらえないでしょう。かえって相手に反感を持たれることが多いのです。そんなときには、おたすけさせていただいているこちらが、先方にかわってその心遣いを反省しておわびするのです。あるいはその病人さんのために自分が絶食したり、またおぢばへ帰ってお願いしたりして、せめてこちらの真心を親神様に受け取っていただくよう努力いたします。

こうしたことを通じて先方もたすかっていただく道が開けますが、努力するこちらもいつのまにか誠の心になり、ほこりも次第に払われてゆくのです。だから私たちは、自分の心のほこりを、人様をおたすけさせていただこうとつとめるうちに払っていただいているわけです。つまり、これを天理教では、

人をたすけて我が身たすかる

たすける理（努力・徳）でたすかる

というふうに教えられており、私たちもそれを信じているのです。

まいたる種ははえるか

信心していても

講演のあとなどで、町の方たちとお食事していますと「この町にも信心している方がありますが、やはり病気もしておられるし、そう特別、商売上にご利益《りやく》も見えてないようです。これはどういうわけでしょうか」と、たずねられることがよくあります。言葉はやさしくて丁寧《ていねい》ですが、その裏には、信心しても結局同じではないか、特別のご守護はあり得ない、という気持ちが多分にあるようです。

なるほど、信心するようになったから、すべてが順調にゆくとは限りません。病気をすることもあれば、かえって悪いことが起きてくる場合もあるのは私も認めます。だからといって私は、信心してもばからしいとは決して思いません。

しかし、どうしてこういう姿が現れるのか、これは考えておかねばならぬ問題です。

種をまく場所

ところで、いろんなことが現れるのは、それ相応の種がまかれてあるからだと思います。ですから、常によい種をまくように心がけたいものですが、よい種をまくといっても、それには三つの姿があると私は考えています。

一つは、種をまく場所の問題です。

天理教では、よい種は土の中にまけ、悪い種は道路にまけ、といわれます。

言葉をかえると、よいことをしたら、それを隠す。これが土の中へまくことです。そして悪いことをしたらさんげする。これが道路にまくことです。こうした生き方をしていれば安全な人生の歩みになります。

しかし、現実には私自身も、それと逆の行動をとりがちで、恥ずかしく思います。

つまり、よいことは人に話したがり、悪いことは隠したがります。それで安心しているわけですが、やがてその悪い種が、だんだん先になって芽ばえてきて、苦しむことになるのです。

私たち夫婦はこれという悪いことをした覚えはないのに、子供が不良で困るなどと嘆いておられる方がありますが、こうした方は、よい種を道路にまき、悪い種を土の中に隠していなかったかどうか、ふり返ることが大切です。また自分でなくても、親や祖父母の時代に、そうした姿があったのではないかと反省してみることも大事です。いずれにしても、何かに寄付したような場合、せっかくよい種をまいたのですから、絶対発表しないように心がけたいものです。これは金だけに限りません。職場でも、家庭でも、陰の働き、人に知られない働き、金で報いられない働きを喜んでしたいものです。

これが、よい種を土の中に深くうめることになります。

種をまく順序

第二に、種のまき方にも順序があることを忘れてはならない、と私は信じています。たとえば信仰を始めてから十年間、よい種ばかりをまいたとします。そして人間ですから、それを帳面につけるように心に覚えていて、これで十のよい種を貯《たくわ》えたとします。

さて、これがいつ芽ばえてくるか、もうはえてきてもよさそうだと楽しみに待っています。ところが思いに反して悪いことばかりが出てきますと、いやになったり、これじゃ信心した甲斐《かい》がないではないかと疑問を持ちます。

しかし、今のことだけ考えていては疑問はとけません。私たちには自覚できない前生というものがありますし、そこまでいかなくても、信仰しない前のことを考えてみますと、相当なほこりを積んでいるのが普通です。それを全然計算に入れず、ここ十年間信仰して、よい種をまいてきた分だけ覚えていて、それがはえてくるのを待っているとしたら、親神様は「おまえは最近のよい種ばかりを見て待っているけれど、おまえの帳面には前生からの悪い種がつけ落ちしている。また、よい種ばかりつけて、悪い種を見落としているではないか。しかし神の帳面には、そんなつけ落ちはないのだよ」といわれるでしょう。

信仰以前の悪いほうの種は数も多く、歴史も古い。いわば先輩です。そこで親神様は、まず先輩から先に出してくだされ、ついで新しい後輩のよい種を出してくださるのではないでしょうか。これが順序というものです。

大難は小難に

しかし、古いのを全部一度に出しては、それこそ大変、一家全滅という姿にもなりかねません。それでは最近まいたよい種が、元も子もなくなります。

そこで親神様は、大難を小難としてくださるのです。十悪いところがあっても、そのうち表に現して見せてくださるのは、一か二というようにしてくださるのです。

数字で申しますと、家族十人が死ぬべき運命のところでも、こちらがよい種をまきつづけていると、理が変わるというか、大難が小難となり、一人が出直してすむということになります。さらには一人出直すところを、五人が病気をするという姿に変えてくださるのです。しかもそれが一ぺんにではなく、一年の間に一人ずつというようにのばしてくださるとしたら、これは大難を小難にご守護いただいたことになるわけです。

これこそ親神様の親心なのですが、人間としては、なかなかそうは考えられません。古い悪い種のことはきれいに忘れてしまい、新しいよい種だけ記憶して帳面につけているところへ次々と病気しますと、せっかくよい種をまいたのに、こんな悪いことばかりつづくのではと迷い悩みますが、親神様の思召《おぼしめし》から申せば、大難を小難にして見せてくださっているのです。

だから、そういう場合は病気するたびに、心を入れ替えて反省してゆくことです。そうしているうちに古いのがなくなり、やがて新しい、よい種がはえてきます。そして今度は、それこそ、よい種をまけばすぐはえるという姿になってくるでしょう。

初代はブルドーザーで

こう考えてきますと、親や祖父が信仰してきた家の方は、実にありがたいですね。親がよい種をまいておいて悪いいんねんを埋めてしまうから、ちょうどこれからすることは、平らな土地に土を運ぶようなもので、運んだだけ土の山がポカポカと現れてきます。

ところが私のように自分で信仰を始めた者は、自分の悪いいんねんと祖先の分も受けていますから、ドブみたいなもので、少々運んでも埋まらず、あべこべに泥水がはねかえってくるようなこともあります。

しかし、それにこりないで、くり返していますと、やがて埋まってきます。

私はこんなことを考えて楽しんでいるのです。

二代、三代の信仰者は親の徳で平らの土地に運び、初代は穴だらけの土地に運んでいるようなものですから、同じようなことをしていては、なかなか追いつくわけにはいきません。そこで初代が二代に追いつくには、ブルドーザーで思いきって埋めてゆくことが大切であります。そして、いかなることが現れても悲観せず、あせらず、いつか必ず穴は埋まるのだという信念を失わないで、教えどおりに生きぬくことに努力したいものですね。

親神様のほうがお苦しみ

ところで、ご守護いただいたときには、誰《だれ》でも喜び感謝します。これは当たり前です。しかし一番大切なのは、うまくいったときではなく、病気や事情や苦しいときに、心から親神様におわびすることであります。

たとえば私が病気したとき、病んでいる自分がこんなに苦しい思いをしているならば、病ましておられる親神様は、どんな苦しい思いをしておられるかと、親神様のお心をお察ししつつおわびします。これが天理教の信者の病気に対する考え方であると思います。

その理由を私なりに考えてみます。

病気になった本人が、たとえば五の苦しみを味わっているとします。家族は見て心配するのですから三として、十人家族なら三十の苦しみです。それに本人の五を加えると、各自バラバラながら、合計三十五の悩み苦しみが私の家に充満していることになります。

ところが、私に病気を知らせてくださっている親神様にとってはどうでしょうか。いずれも皆、可愛《かわい》い子供ですから、合計三十五が一つのかたまりとなり、それだけ親神様にご心配・ご苦痛をおかけしていることになります。

そのとき、自分のことを忘れて、病ましておられる親神様のお心をお察ししておわび申しあげますと、親神様としては「おまえは病んでいて苦しいのに、それを忘れて私の苦しみを案じておわびしてくれている。それなら私は、おまえの苦しみをたすけずにはおられない」といわれると思うのです。

ここのところを、よく思案したいのです。

たすかる秘訣

これをもっと具体的に申しますと、夫が病気で一年間も寝ているとします。そのとき妻が看病する時間を二時間だけほっておいて、教会に参拝してひのきしんをし、あと一時間はにをいがけのために帰路パンフレットを配ったり、神様のお話を聞いてたすかってくださいといって歩くとします。

すると、彼女の夫が病気をしていることを知っている家の人から「冗談《じょうだん》ではない、あなたのご主人はもう一年間も寝ているじゃないか。そんなにありがたいパンフレットなら、まずご主人に読ましたらいいでしょう。余計なことをしてほしくない。お門《かど》違いですよ。早く帰ってちょうだい」と、ぼろくそにどなられ笑われることもあるでしょう。常識としては、そうなると思います。

しかし、私たち天理教の者は、常識も尊重しますが、それ以上の考え方を持っています。

この場合、親神様のお心は、どこにあるでしょうか。前にも述べましたように「おまえは山ほど心配があるのに、それを忘れて、私の血の涙をふいてくれる（にをいがけは親神様のいわば血の涙をふかしていただくことであり、ご心配をとらしていただくことである）。それならば私は、おまえの心配や血の涙をふかずにはおれないではないか」ということになると思います。ここに、天の理が現れましょう。

いつもわらはれそしられて
めづらしたすけをするほどに　（三下り目　5）

とみかぐらうたに教えられています。人に笑われそしられても、親神様を信じきって通る心、それは珍しい心といえましょう。この珍しい心に珍しいたすけを見せていただけるのであります。

それが親神様のお望みであり、たすかる一番の秘訣《ひけつ》ではないかと思うのです。

思い方について

第三に、思い方も大きな役割を演じることを心得ましょう。

よい種を五まいたとします。私なら、それを二十にも三十にも思いがちです。反対に悪い種をまいたときは、そのときは三十でも、一年経《た》ったら十、三年経ったら五くらいに思いこみ、五年も経てば身に覚えはないと思うようになります。忘れたというならまだしも、身に覚えがないといいきるようになったら、これはもうどうにもなりません。

実例話を一つあげてみましょう。

頭痛に悩むある婦人が、私に「これは何のお知らせでしょうか」と質問されましたので、次のようにお話しさせていただきました。

「頭はあなたの親、特に故郷《くに》におられるご主人の親、ことにお姑《しゅうとめ》さんに対するお知らせだと思います。お姑さんは、あなたのご主人の三通の手紙より、あなたの手紙一通をお喜びになるでしょう。その辺を考えてくださいね。

また親類づき合いにしても、あなたの実家の親類よりも、ご主人の親類のほうに力を入れるようにされたら、いかがでしょうか」

「あら、私はそんなわけへだて、身びいきの心遣いはあまりした覚えはありません。それでは前生のいんねんでしょうか」

そう答えられたので、私はつづけました。

「そんな覚えはないといわれるなら一つお聞きしますが、昨年の三月十八日の夕食は何と何でしたか」

「そんなこと、覚えていませんわ」

「そうでしょうねえ。夕食に二品用意するとしたら、あなたは一年に七百種類のおかずを料理されるわけですね。しかし自分で料理しながら、一年前はもちろん、一週間前に何をつくったかを覚えていないのが実情です。

ところで私たちは一日に、どれくらいの神経を使い、心を使うか。かりに一日二千回とすれば、お互い一年で七十三万回心遣いをしているわけです。そんなことまで覚えられるものではありませんね。

泥棒をした、人を殺した、あるいは殺されかけたというようなことなら、はっきり覚えているでしょうが、小さいことは忘れます。ところが心のほこりは、ちょっとのほこりといわれますように、一つ一つは小さいものですが、それが積もりかさなりますと大きな悪いんねんになるのです。

だから、覚えがないといわれても、それはそうした事実がないということと同じではありません。そこをもう一つ掘り下げて、お互いに、おわびさせていただきましょう」

こうして少しずつ納得していただきました。

真のたんのう

だから私の場合、病気や事情が現れたときにどう考えるかというと、自分に直接ふりかかってくること、それはよいことでも悪いことでも、一つはすべて自分の今までの心遣いの結果である。しかし、もう一つ大事なのは、誰よりも人間をご守護くださり愛しておられる親神様がお知らせくださっているのだから、根本的には悪かろうはずはない、と受け取っています。

これが、「成ってくるのが天の理」と教えられる受け取り方ではないかと思っています。

成ってくるのが天の理ということは、こう成ってきたのも仕方がないというあきらめではなく、自分のしてきたことは善悪を含めて、すべて人間を一番愛してくださっている親神様がよいように支配されていることであるから、その良《よ》し悪《あ》しは別として、いかなることが起こっても、これが一番結構なのだと受け取る姿勢をいうわけです。

これが真のたんのうの態度であり、これは親神様に対する絶対信頼の念から発するものです。

自分が覚えのあることならたんのうする、これは誰でもできます。そこをもう一つ越えて、覚えのないことでも自分のせいであると受け止め、よいことも悪いことも一切を天の理として喜んで受けてゆく心の姿勢、これが真のたんのう（とくしん・満足）です。

真のたんのうをするところに、前生のいんねんも切ってくださると信じます。

教理篇（三）

天理教と病気について

病気とさとし

天理教と病気について

崖の上の子供

危険な崖《がけ》の上で子供が遊んでいます。下を見るときれいな花が咲いています。それを取りたくなった子供が、何とかして下へ降りようとしているところへ私が通りかかります。そして「危ない、そんなことをしたら落っこちて怪我《けが》をするぞ」と、その子供を抱きもどして家までつれ帰ろうとします。

そのとき、子供がおこって「僕はあの花を取るんだ。それなのに止めたおじさんは意地悪だ」と、だだをこね、私の腕からのがれようとしてあばれます。

そのとき私が、人がせっかく親切にたすけようとしてやっているのに、あべこべにおこったりうらんだりするなら、もう勝手にせよ、俺《おれ》は知らんぞといって、その子供をもとの崖の上においていて去り、その子供の家へ行って「あなたの子供が危険な場所で遊んでいたので、抱いてたすけあげ、つれて帰ろうとしたけれども、おこったり、だだをこねたりするから、そのままおいてきた。今ごろは崖から落っこちて怪我をしているか、ひょっとしたら死んでいるかもしれない」と報告したとすると、どういうことになるでしょうか。

親はおこって私の行為を非難するでしょう。

もちろん、そんなばかなことはあり得ません。いくら子供がおこって、だだをこねようと、私はその子供を叩《たた》いてでも、無理につれて帰ります。

そのとき、子供が親に対して「僕が崖下の花を取ろうとしているのに、意地悪のおじさんが無理につれて帰ったんだ」と泣きたてても、親は「何をばかなことをいうのか」と子供を叱《しか》りつけこそすれ、私には心から「危ないところをたすけていただきましてありがとうございました。これから私どもで気をつけます」といってお礼をいうでしょう。

こんなわかりきったことを案外忘れて、私たちは先の子供のするようなことを、そのままやっているのではないでしょうか。

実はそれは、病気に対する考え方・態度なのです。

病気になるのは、人生でもっとも苦しくさびしく、いやなことであります。しかし、このおそろしい病気になることが、先の子供を崖っぷちからたすけようとした姿と同じだと申しあげたら「そんなばかばかしいことがあるものか。どうかしている」と文句をいわれる方が多いかと思います。

病気は身体《からだ》のある部分が弱くなって起こったのだから、医者にかかって治療するよりほかに道はない。それに、身体をゆっくり休ませることが一番だと、よくいわれます。

それもそうですが、私たち天理教の信仰者は、もう一つ奥を考えるわけです。それは先の崖の上の子供と、それをたすけた私との関係ということなのです。

病気を通して反省

私たちは、病気は単に肉体の欠陥が出たものとは考えていないのです。人間をご守護くださっている親神様の親心から出ているお知らせであり、手引きであると信じているのです。

普通、人間というものは、人はどうでもよい、自分さえよければ、という心遣いを当然とし、ここに幸福があると信じ、その方向に向かって進んでゆきます。

ところが、その方向・その心遣いが、実は不幸の世界・地獄の世界へ突進しているわけです。それを見かねて親神様が、もうこれ以上そっちへ行ったら危ないよ、というので知らせてくださっている姿が、すなわち病気であり事情の悩みであると、私たちはさとるのです。だから私たちは、そういうとき、それを通じて本人はもちろんのこと、家族も共にきびしい反省をするわけです。

また、人様が病気や事情で悩んでおられるときには、この親神様の思召《おぼしめし》をお話しし、今まで不幸な運命の世界へ向かって東向いて歩いていたのを、西向きに歩いてもらって幸せの世界へ行っていただくようにお祈りし、共に努力させていただくわけです。

病気でさえも喜べる道

だから私たちは病気をしても、普通の人と大変な相違があります。大抵の方は病気をしますと、薬を飲み注射をして、やれ治った、これでよかったと喜びます。これでおしまいです。

しかし私たちは、もう一つ先に行くのです。治った、よかっただけではなく、病気のおかげで本人はもちろん家族の者が反省し、皆少しずつでも心が美しくなり、家庭が明るくなって、本当によかったということになるわけです。

もっと具体的に例をとりましょう。

胃の悪い人は、全部とはいえませんが、性格はまじめで几帳面《きちょうめん》です。自分がそうですから他人にもそれを要求する心があり、そうでないと、他人の欠点が目につき、不足や短気の心遣いをする方が多いようです。ご主人がそんなふうになれば、家族はハラハラして見ていますので、暗い家庭になりがちです。

そこへご主人が病気をしまして、それを機会に親神様のお話を聞き、心の反省をし、今までの頑固で几帳面すぎる心と反対の、やさしい低い心、温かい、人を許す心に入れ替わったとします。

すると、この家族は、ご主人が病気するまでは、皆がハラハラしてちぢこまっていたのに、ご主人が病気をして心配したけれども、病気が治ってみると、やさしい人に変わったので、家族みんなが心から親しめるようになりました。

そこで、あの病気のおかげで家庭が明るくなってよかったと喜ぶ。あのおそろしい病気でも、あとからではあるにしても喜べるようになりますならば、文字どおり病気は、親神様の幸せへの手引きであったことが実感されるわけです。

次の家庭の出来事を読んでいただきますと、この辺のことが、いくらかおわかりいただけることと存じます。

世にも珍しいお手伝いさん

山村《やまむら》さんはある会社の部長です。ある日曜日の朝、のんびりと縁側に出て足の爪《つめ》を切りながら、お茶を運んできた奥さんに話しかけました。

口に出たのは、今度お手伝いにきている光恵《みつえ》さんのことです。

「今度の光恵君はちょっと変わっているな。いうことが変わっている。月給はいくらでもよいから、月に二回、四日と十八日には休ませてくれといっているらしいな」

「ええ、そうなんです。この日は朝から喜んで出かけます」

「恋人でもあるのかな」

「そうでもないようですよ」

「そうかね。だが君も変だよ。今までのお手伝いさんには不平ばかりいっていたくせに、光恵君には、ばかに力を入れるんだね。しかし大丈夫か。また例のヒステリーで追い出したりはしないだろうな」

とたんに奥さんはプッとふくれだしました。

「ヒステリーとは何ですか。あなたには主婦の気持ちなんてわからないんでしょう。だいたいあなたは会社会社で、毎晩帰ってくるのが十一時。会社にとって、そんなにあなたが大切なら、重役になってもいいじゃないの」

「何をばかなことをいう。それがヒステリーだ」

山村さんは、せっかくの日曜気分をこわされて、どなりつけてしまいました。もちろん奥さんもだまってはいません。

「そう、でも私のヒステリーは生まれつきではありません。あなたと結婚してからよ」

「うるさいな。ともかく男のすることに口を出すな。君は家のお守《も》りをしておれば、それでいいのだ。ばかめ」

「くやしい。ばかばかというけれど、そのばかにラブレターをよこして、僕の心はあなたのためにあるといった人は、どこのどなたさんだったかしら」

口論はだんだん感情的になってゆきました。

「君は二言目にはそれだ。それよりいうことがないのだろう。まあ、あのときは僕も女を見る目がなかったんだ。君みたいな女と結婚しなかったら、僕は今時分もっと出世して重役にはなっているだろうよ」

「私もそうですよ。あなたにだまされなかったら、今ごろは重役の奥さんですよ。もっと幸せだったのに。だいたいあなたのいうこと、することは封建的で、何かというと男の権力をふり回すけど、そんなこと通じないわ」

乱暴な口喧嘩《くちげんか》に発展したとき、お手伝いの光恵さんが帰ってきました。可哀想《かわいそう》に彼女はビックリして、玄関から奥へ行けずモジモジしていましたが、意を決して入ってきました。

「ただいま帰らせていただきました。おそくなってどうも申し訳ございません」

奥さんはきまり悪さから、ツンツンした口ぶりで答えました。

「申し訳ないですむことじゃないわよ。仕様のない子ね。早く台所を片づけてちょうだい」

むっつりだまりこんでいた山村さんは、ニヤニヤ笑顔をつくりながらいいました。

「何だい、今までほめていたくせに、もう当たりちらしているのかい」

「家の内のことは私の責任ですから、あなたはだまっていてちょうだい」

山村さんはそっぽを向いてしまい、光恵さんはオロオロしながら台所へ走りました。

教会に参拝しているのよ

それから数カ月後、山村さん夫婦は茶の間でにこやかに話しています。

「ねえあなた、光恵さんはとても感心よ。台所はきれいになっているし、便所もいやがらずに掃除するし、それに物を大切にしてムダ使いはしないわ」

「ふむ、それは近ごろ感心な娘《こ》だな」

「それに月二回休んで行く所がわかったわ。あの娘は天理さんで、教会へお参りするんですって」

「天理教でも、あんな若い娘が信心しているのかな。そいつは、初めて聞いたよ」

「だいぶ若い人もいるらしいわ。あの娘のアルバムを見たら、若い娘がたくさん集まって土運びをしていたわ。何でもひのきしんといって、神様が喜ばれることだといっていたわ。いろいろ聞いたんだけど、あの娘のいうには、病気は人間の心遣いが悪いために、神様がそれを知らしてくださっている姿なんだって。私はよくわからないけれど、あの娘は、そう信じているらしいのよ」

「ずいぶん旧式で迷信だな。今時そんなこと信じているとは、甘いもんだ」

「でもあの娘は本気よ。今日《きょう》も足をちょっと怪我したので、病院へ行くようにいったら、その前に教会に行って、これは何のお知らせか聞いてきますと出かけて行ったわ」

「ふーん、どんなことを聞いてきたのか。ひやかしに聞いてみてやろうか」

「あの娘は真剣なんですから、ひやかすのはやめてくださいよ」

不足した光恵さんだが

うわさをすれば影とやら、光恵さんが晴ればれした顔つきで帰ってきました。

「君、教会へ行っていたそうだが、教会では何といったかね」

光恵さんは元気よく答えました。

「はい、教会の先生から、怪我をしたのは、何か不足をしたのではないかといわれました。私もそうだと思います」

山村さんは不思議そうな顔をしました。

「君は不足したというけれど、何が不足なのかね」

「申し訳ありません。実は旦那《だんな》様と奥様のお二人に不足をしました」

「それはどうもわからないな。そりゃ僕たちは立派な人間とはいえないかもしれんが、君にことさら、つらく当たったという心当たりもないしな」

と首をかしげながら、奥さんのほうを向いて、

「あるいは、おまえ、何かまたヒステリーを出したのと違うか」

「とんでもない。私は、このごろ光恵さんに感謝していますよ。そんなことありませんよ」

また喧嘩になりそうになったので、光恵さんはあわてて、

「いいえ、そんなことではありません。私たちは天理教のことをお道といっていますが、お道では夫婦の治まりということを、やかましくいわれています。ところが先日お二人が、あのお……」

山村さんは、口ごもっている光恵さんのいいたいことを知りました。

「そうか、あのときの喧嘩のことか。あれを見て君が不足に思うのも無理はない。だが、あのときはもののはずみで、あーなっただけだよ」

奥さんが、きまり悪そうにいいました。

「それはすまなかったわね。さあ、あっちへ行っておやすみ」

「はい、ありがとうございます」

教会からのことづけ

しかし光恵さんが、そのままじっと座っているので、奥さんがたずねました。

「おや、まだ何か話があるの」

「あのお、教会の先生からお二人に、おことづけがあるのですが」

「何、僕たちに話があるって。そうか、遠慮はいらん。いってもらおうか」

「はい、では申します。夫婦喧嘩は、たまにはやむを得ないけれども、坊ちゃんやお嬢さんの前でどなり合うことはいけない、それだけはしないように、ということです」

「ふーん、何でいけないいんだね」

「何でもそうすると、坊ちゃんが不良になられるそうですって」

二人はビックリしました。

「それは初めて聞くことだが、いったいどういうわけかね。ついでにいってもらおうか」

「先生は、こういわれました。

坊ちゃんやお嬢さんは、お母さんを光と仰ぎ、中心と考えています。そのお母さんをご主人が、ばかだとか何とかいって、この間のようにどなられますと、それを見たお子さんたちは、お父さんやお母さんを心の中で軽蔑《けいべつ》し、そういう心から反抗心が出てきて、家庭も暗くなり、外へ出ることが多くなって、不良になられることが多いとのことです。

また奥さんがご主人を、重役にもならないで、とかおっしゃいますと、お子さんたちは、やはりお父さんをばかにされますし、それでは大変なことになります。

これが教会の先生のおことづけでございます。どうもすみません」

いいにくいことをいってしまうと、光恵さんはさすがに恥ずかしそうに両手をついて、丁寧《ていねい》にわびました。その言葉に二人は呆然《ぼうぜん》として顔を見合わせたままです。やがて、

「光恵さん、ありがとう。私たちもよく考えてみます。あなたは、もうおやすみ」

と、意外にやさしい奥さんの言葉に、光恵さんはほっとして自分の部屋に急ぎました。

あとに残った二人の会話です。

「あなた、おどろいたわねえ。思い切ったことをいうじゃないの。でも考えてみたら

正直な娘だわ。私たちに不足したと、目の前でいうんですもの」

「全くだ。しかし反抗的にそういってるんじゃないよ。何か僕たちにやさしく忠告しているような感じだ。しかし、これでさっぱりした。ところで、あれには参ったなあ。ほれ、子供の前でどなり合うのが一番いけないというところさ。僕たちは何げなくやっているが、大変よくないことをやっていたわけだな」

「私も子供の前で、あなたのことを愚痴《ぐち》ったり悪くいっていましたが、これからは気をつけますわ」

「いや、僕もどなるのはやめよう」

「またあの娘に不足させ、怪我をさせてはいけませんからねえ」

「本当だよ、ハハハ……」

交通事故を通じて

それから一カ月ばかり経《た》ったある日の午後、会社の山村さんのところへ、奥さんからオロオロ声で電話がかかってきました。長男の勇君《いさむ》がオートバイのスピードの出しすぎで事故を起こし、病院に運ばれたとの報《しら》せです。

腰を強打し、片足骨折という重傷ですが、幸い生命に別状はないとの容体に、病院に駆けつけた二人はホッとしました。同時に、今まで自分や子供たちの健康の姿が当たり前だと思っていたのに、このたびの長男の入院によって、今さらながら健康のありがたさを知るとともに、長男に対する愛情の深さをしみじみと感じとりました。こんなことなら、日ごろから、もう少し長男の上に心をつくしておけばよかったと思うのでした。

こうして夫婦があわただしい日々を送っているとき、光恵さんは毎朝一時間早く起きて、教会にお参りしていました。光恵さんは日ごろ会長さんから、「見るもいんねん、聞くもいんねん」と聞かせてもらっていることから、いろいろさとるところがありました。交通事故にあうのは、強くてはげしい心遣いをしている人に多いとか、夫婦がそれぞれの役割の自覚が足りないということを知らされましたが、その主人夫婦に仕える自分も、同じいんねんが十分あることを自覚し、自分の将来の結婚生活への反省として、おわびしていたのでした。

黙ってパンフレットを

いよいよ長男が退院した夜、久しぶりで夫婦は落ち着いた気分になり、喜んで話し合っていましたが、フト気がついて、

「ねえあなた、前に光恵さんが怪我をしたとき、不足をおわびしたとかいっていたでしょ。私たちは長男の入院で何もかも忘れてしまって夢中だったけれど、これにも何かわけがあるでしょうから、聞いてみましょうか」

「そうだね。それはうっかりしていた。この際だから聞いてみるか」

二人の前に呼び出された光恵さんは、これは何のお知らせかとたずねられて困りました。そして、自分のさんげとして、きつくてはげしい、高い心を、やさしく低い心に入れ替えるようおわびしたことを告白し、「あとはこれを読んでください」とパン

フレットを出しました。

それは「夫婦の治まり」という題でした。まず奥さんが目を通してみました。

「夫は天の理である。天は雨と風と光を放ち、地をうるおす。また晴天の心を持つのが、すなわち夫の心である」

というように説かれていました。これに対し、

「妻は大地である。天からそそがれる雨と光と風を受けて、土の中から一切のものを生み出すのが大地であり、この天と地の理をわきまえて夫婦が愛し合い、与えられた立場のつとめを果たすところに、本当の治まりがある」

と書かれていました。

また建物にたとえると、

「夫は柱・妻は台である。しっかりした台の上にしっかりした柱が立てられる。こうして土台と柱がそろったら、そこに明るい家庭ができ、子供たちもすくすく育ってゆく」

というようなことが、わかりやすく記されていました。

短い文章ではありましたが、このたびの出来事を通して、奥さんはその一つ一つに、なるほどとうなずき、読み終えると、それを黙って夫に渡しました。

これからのこの家庭は、だんだん幸せになってゆくことでしょう。

病気とさとし

私の病気に対してのさんげ

十五年ほど前、私は心臓、腎臓《じんぞう》、肝臓、神経衰弱、高血圧という身上《みじょう》（病気）を一度に頂戴《ちょうだい》しました。十五分間くらい人様の相手をしていますと、もう苦しくなります。茶の間に帰って家内と話している分には割合に平気ですが、一日中起きているということができず、半日は寝かせていただいていました。もちろん講演に出かけることは思いもよりません。

道を歩くにもスローで、人様がさっさと歩かれるのを見ると、何という速い方だろう、あれで少しも苦しくないのだろうかと不思議に思ったものです。あるいは、世の中には健康な人ばかりが多いものだと感心したり、また同じような病気に悩んでいる人に会ってお話しするときに、相手の病状が自分より重いと何か安心したり、自分より軽いとその人の言葉が素直に耳に入らなかったりして、健康なときには思いもよらない心遣いをしているのを発見して、自分ながらおどろいていました。五十有余年の達者のご守護を、今さらながら感謝しました。

私は、夜はできませんが、お昼の神殿当番はさせていただいていました。ある日、おたすけ熱心で知られる、ある詰員先生がわざわざ私の火鉢《ひばち》のそばへ来られ、頼みもしないのに、おさとしをしてくださいました。

「岩井先生、日ごろの元気がなくてお静かですね」

「実はただ今、身上なのです」

「どんなご身上ですか」

「心臓、腎臓、肝臓、神経衰弱などですよ」

「ずいぶん倉がたくさんありますね」

と笑いながら、身上について一言ずつ、おさとしを下さいました。

道一筋の専門家の先生が、同じ道一筋の私に対してのおさとしですから、信者さんにそのまま当てはまらないでしょうが、私には全くピッタリとしたおさとしで、心からおそれ入りました。

心臓のおさとし

「心臓は親への反抗と短気ですよ。一生涯腹を立てぬよう、気長い広い心でお通りくださいよ」

このおさとしのうち、短気を起こすな、腹を立てぬようにということには全くおそれ入りましたが、親へ反抗とはピンときませんでした。だって私の場合、その当時の理の親は二代真柱様ですから、反抗などしたことはないし、廊下でお言葉をかけていただいただけでも喜んでいたのです。

しかし体験の深い先生のおさとしですから、よく反省しますと、なるほどと気づきました。私は形の上の反抗はしませんが、たとえば皆さんと一緒に真柱様のお仕込みを受けた場合、心の中では時々、そうおっしゃっても、実際はそうはいかないとか、私のやり方におかしい点もあるかもしれんが、だいたいは立派なおたすけではないか、などという心遣いをしていたことです。

練り合いの場合、「私はこう思います」と、はっきり反対のことを申しあげても、それは反抗ではないのですが、先のような心遣いは全くの反抗であると気づき、これからは、わからなくても練り合いのとき以外はハイと素直に受けて実行しようと、さんげをさせていただきました。

腎臓のおさとし

「腎臓は、これまでしてきたよいことは全部覚えて、心にいつも持っているが、悪いことは全部忘れている理ですよ」

ドンピシャリで、おそれ入りました。そのとおりの私でした。

なるほど、自分のやってきた悪いことを忘れずに覚えていると、たとえ、いやなことにぶつかっても、意地悪されても、これは借金返しだ、まいた種がはえてきたまでだと得心し、心の底からたんのうができるでしょう。

反対に、よいことだけを覚えていたら、よいことを見せていただいても、それは当然だ、自分はそれくらいの徳積みをしてきたのだと高い心になり、感謝も感激もないでしょう。悪いことが出てくると、これまでこんなよいことをしてきたのに、神様も神様だと不足し、うらみ、腹立ち、高慢の心遣いになるでしょう。そういうところのあまりに多かった自分を反省するきっかけを与えていただきました。

現在、また腎臓の身上で安静生活をしていますが、汚い心遣い、知らずしらずのうちに欲の深い心が出てきていることを反省しています。

また、ある教会長さんからお話を聞くと、一言でしたが「腎臓の病人さんには、しぼりきることを話しています」とおさとしを受け、ピタリと感じました。

金はもちろんですが、人のために真実をしぼりきり、力の限り根《こん》限りつくしきろうとおわびしている次第です。そして、出し惜《お》しみしないようにと心がけております。

肝臓のおさとし

「肝臓病の場合はね、人を改良させることは至って上手《じょうず》だけれど、自分を改良することは至って下手《へた》なんですよ。自分を改良することにもっと上手になれ、とお知らせくださっているのですよ」

言葉もないほどでした。こんなにズバリといいにくいことをいってくださるのは、本当に真実あればこそだと、強いさんげをいたしました。

私は「嫁と姑《しゅうとめ》」「妻と夫」「親と子」などの問題で、天理教はもとより、世間の各種団体の講演会にしばしば出させていただきます。よい話を聞いて、おかげでうちの若嫁がよくなりましたと、あちこちの方から礼状をもらっていい気になっていましたが、このおさとしですっかり反省しました。

これだけではありません。まだまださんげがたくさんあります。

人に、たんのう、親切、ひのきしん、おつくしをさせることは上手であっても、自らそうすることが至って下手な私です。

教祖《おやさま》は、五十年間、人にさせられずに、自らしてみせられました、だからひながたというのです。このひながたを人に取り次いで、人にそうさせることばかり夢中になっていた私であったことに気がつきました。

二代真柱様はいつも、親切、たんのう、ひのきしん、一手一つということをお仕込みくださいました。それを聞いて、よし、この理を流すのだと思うのはいいのですが、私はそれを言葉でもって人様に申しあげていたのです。

二代真柱様は、人にいえとおっしゃったのではなく、まず、おまえたちが実行してこそ理が流れてゆくのである、と仰せられているのに、人にさせることばかりに夢中になっていた自分をさんげさせていただきました。

神経衰弱のおさとし

「神経衰弱は親不孝と徳の取り越しの姿ですよ」

そのとおりでしょう。これにも参りました。頭ですから親不孝の理、確かにそうです。前生どころか今生それをしてきた私です。これくらいの軽いノイローゼでおすましくださったと、心からお礼を申しあげました。徳の取り越しについては、こんなことがあります。私は人様から先生と立てられ、つくされているけれど、自分はそれ以上に人様につくしきっているだろうか。それを考えたとき、本当に人様から真実をいただきすぎることのおそろしさをさとりました。

これは私自身のさんげですが、一般社会にあって信仰しておられない方々のノイローゼについて、私のさとりますことを申しあげましょう。

現代はノイローゼの非常に多い時代です。しかも頭のよい、会社の中堅人物で、前途有望な人にそれが多いのです。冷たい理知的な性格の方にもしばしば見られます。勝ち気な性格で、親への不孝な心遣いもあります。

これをどうしてご守護いただくかということですが、本人に心の入れ替えを要求してもムダです。それより本人の家族が心を一つにして、親へのご恩返しと他人へのご恩返しにつとめることが大切です。

元来ノイローゼは、恩のかさなった姿であると思います。自分の働き以上にお与えを多くいただいている姿です。金、物、人様からの真実などのもらいすぎですから、その反対の方向へ努力をするよう心がけましょう。

一番よいのは身体《からだ》のひのきしんです。人様のために働かせていただくことです。

家族の方が、いくら明るい心を持てとか、安心をせよといってもダメ。本人にできなかったら、家族がかわりに、人様のための働きをする、あるいはおつくしの徳を積んであげることが大切です。

膀胱について

膀胱《ぼうこう》というところは、身体のご用のすんだ水分が腎臓を通して送られてきて貯《た》まっている袋です。だから下水タンクみたいな役目で、尿道を通って尿が体外へ排出されます。

小便もカス、大便もカスです。もし膀胱や肛門《こうもん》を病んで困っている人があったら、金や物を出ししぶる心、思いきりの悪い心を反省し、人を喜ばせるためには思いきって出しきる心になるようつとめたいものです。

膀胱の病は、親子の縁、夫婦の縁（間柄）で不平不満、気ままの心遣いがあること、また夫婦関係にも円満な心のつながりのないことのお知らせかと思います。自分のことのみを考え、相手のことをお互いに考えない場合に多いようであります。

また、金銭にも物にも少し惜しい心があります。出すことがいやではいけません。親と子、妻と夫はすべて、親神様がちょうどよいいんねんの者同士を寄せて結ばれているのですから、徳の釣り合ったお互いは、相手の欠点を許し、長所を見て喜んでゆくことが大切であります。

胃の病気

胃は食べ物をこなし、腸へ送る器官です。ともかく、よくこなすことが大切です。

胃の健康を願うなら、人様の言葉をうまくこなし、聞いてなるほどと得心・感心してゆく心遣いが大切であります。

胃の悪い人は頭がよくて几帳面《きちょうめん》、まじめな性格の方に多いようですね。自分がそんな性格ですから、そういう物差しで人様のことをはかりますから、どうしても人様のすることなすことが気にいらないで不足する心が多いようです。

おまけに自分がまじめで、悪いことはあまりしませんから、人様の欠点が二倍にも見えて、よけいに不足するわけです。気長い心、相手を許す心、大きい心になるよう努力すれば、ご守護いただくでしょう。

胃病に限らず、結核でも何の病気でも、それに悩まれる方は、大きく申しますと、自分の楽しみ・ぜいたくのために使う時間よりも、人のためにより多くの時間を使うようつとめること、さらには人をたすける生涯を通す心定めが大切であります。

自分の楽しみ・ぜいたくはできるだけ慎《つつし》みましょう。人様に喜んでいただくような生活を心がけ、その中に喜びを味わうようにする、これがたすけていただく種です。

利口すぎる、要領のよい生活から、要領が悪い、地味で目だたない陰の生活へと心がけることも大切であります。

教祖のひながた

教祖のひながた

ひながたということ

天理教の教祖《おやさま》を中山《なかやま》みき様と申しあげます。寛政《かんせい》十年（一七九八年）にお生まれになり、明治二十年（一八八七年）、御歳《おんとし》九十歳で御身《おんみ》をお隠しになられました。
教祖は天保《てんぽう》九年（一八三八年）、親神様の啓示により、月日のやしろとお定まりになり、以後約五十年間、親神様の思召《おぼしめし》である世界一れつをたすけるという大業を、この世に実現してゆかれたのであります。

この教祖の通られた道すがらは、私たちにとってどんな意味があるのでしょうか。

『諭達第二号』（昭和四十八年公布）には、

「教祖は、月日のやしろとして親神の思召を伝え、たすけ一条のため、みずから艱難《かんなん》苦労の中を喜び勇んで通り抜け、万人《まんにん》たすかるひながたを示された」と示されております。「万人たすかるひながた」、これなのです。

このひながたは厳密に申しますと、天保九年から明治二十年にわたる五十年の道すがらを指しています。しかし、ここでは教祖のご幼少の時代のことから学ばせていただくことをも含めて、私の勉強させていただいたことを記すことにします。

ご幼少時代から

教祖は平和な大和《やまと》の平野、山辺郡《やまべごおり》三昧田《さんまいでん》（現在の天理市三昧田町）の大庄屋・前川《まえがわ》半七《はんしち》氏の長女として誕生されました。

ご幼少のころから、とてもやさしく、近所の子供や友だちを大切にされ、母親からいただいたお菓子や、自らつくられた手芸品などを与え、みんなが喜ぶのをご覧になって、ご自身も大変喜ばれたと伝えられています。

そんな慈悲深いお方であったといわれていますが、このお姿には、単なるお慈悲としてすまされない深い内容が含まれていることを私はさとるのであります。

いったい物を与えて喜ぶのは誰《だれ》でしょうか。また物をもらって喜ぶのは誰でしょうか。

いうまでもなく、もらって喜ぶのは子供であります。私が旅先からおみやげを持って帰って子供に与えますと、とても喜びます。

しかし、その姿を見てもっと喜んでいるのは私と家内です。子供はもらって喜ぶ。親は与えて喜ぶ。つまり、与えて喜ぶのは親であり大人であります。

教祖はご幼少のころから、与えて喜ばれたお方であったのです。これは教祖の魂の違いから出てくることであったと思いますが、これについては、のちに述べることにします。

さて、教祖が与えて喜ばれたということを、私たちの日々の生活の中にどう現し、どう生かしていったらいいでしょうか。

もらって喜ぶのが子供心とすれば、親切にされて喜ぶのも子供心といえましょう。

お話を聞いて喜んでいるのも同じことになります。

反対に、お話をして相手が喜んでいる姿を見て、こちらが二倍も喜ぶ。親切にされて喜んでいる人の姿を見て、親切にしたこちらが二倍も喜ぶ。これが大人の心、親の心です。

今月、もらって喜び、親切にされて喜び、お話を聞いて喜んだことが五、物を与え、人に親切にし、お話をして喜んだ分が十としますと、その方は一カ月で差し引き五の貸方《かしかた》の生活をしたことになります。貸方とは、徳を積んだことになるという意味です。徳とは、金の徳、物の徳、夫の徳、妻の徳、子供の徳などいろいろあります。私の母は二十九歳で未亡人になりましたが、これは夫の徳がない姿であります。

私たちは、もらって喜び、親切にされて喜び、お話を聞いて喜ぶという子供の心から、与えて喜ぶ、親切にして喜ぶ、お話をして喜ぶという日々の生活をしたいものです。

これが日々の成人の道でありましょう。

十六歳で世帯をゆずられる

十三歳で庄屋敷《しょやしき》村の中山家に嫁入りされた教祖は、十六歳のとき、中山家の世帯をお姑《かあ》さんからまかされたとのことです。

貧乏で借金のある世帯なら、早く若い嫁に世帯をゆずって楽をしようとすること、これはあり得ることですが、豪農である中山家の世帯をまかされたということは、お姑さんがとても太っ腹であり、おおらかな欲のないお方であったことがうかがわれます。

これはなかなか、できぬことだと思います。

ある農家ですが、そこは七十五歳のお姑さんが財布をにぎっていて、お嫁さんはわずかな金も自由になりません。子供にいる金も皆、お姑さんから孫に直接渡されます。

「お母さん、お小遣いちょうだい」「おばあちゃんにもらいなさい」

「お母さん、ＰＴＡの会費百円ちょうだい」「おばあちゃんからいただきなさい」

これではお孫さんに対するおばあさんの顔はよくなりますが、子供にとって光であり中心であるお母さんの立場は、音を立ててくずれてしまいます。

なぜなら、子供はそうした姿を見て、お母さんをばかにするからです。お父さんにもそうした心を持つでしょう。親をばかにする子供は、頭のよい子ほど不良になりがちです。

こういうことがあるのですから、孫が可愛《かわい》いなら、早く世帯をゆずることですと、ご注意申しあげたことでした。

すばらしいお嫁さん

ところで、いくらお姑さんが立派であっても、嫁が怠《なま》け者で世帯もちが下手《へた》というのでは、ゆずろうにもゆずれません。また、よく働いていても心が合わず、にくみ合っているようなことでは、これもゆずれませんね。

教祖は農家の仕事を二人前も働かれたと聞きます。それこそ朝早くから夜おそくまで、休むことなくお働きでありました。また、物をとても大切にされました。これは世帯もちがお上手《じょうず》であったことが裏づけられます。

あるいはまた、ご出産間近のころ、お姑さんをおんぶして、お姑さんのお友だちの家までおつれされたとのこと。これは実に親孝行であり、また老人の気持ちを十分にご存じであったことが拝されます。その姿を見て他のお姑さん連中は、どんなにうらやましいことであったでしょうか。

老人になると、いろいろのくせ性分が出てくるものです。それを教祖はよくご存じで、嫁として立派につとめられたと拝察いたします。こう考えますと、中山家に日本一のお姑さんとお嫁さんのお姿をお残しくださっているように思うのであります。

米泥棒について

徳川時代で、もっとも楽な生活ができなかったのは農民だったでしょう。働けど働けど、どん底生活がつづいたわけです。その上、幕末期は凶作が相次いで、人びとの窮状《きゅうじょう》を見かねて、大阪の元与力《よりき》が幕府の米倉を破り、お米を大衆に与えたという歴史があります。

こうした時代に、中山家の米倉を破って米を運び出そうとする者がありました。見つけて取り押さえ、訴えようとさわいでいる男衆《おとこし》たちの声に目を覚まされた教祖は、

「貧に迫ってのことであろう。その心が可哀想《かわいそう》や」

と、かえって、いたわりのお言葉をかけたうえ、米を与えて許されたのです。

私はいつもこのお話を、うれしく読ませていただくのであります。そして思うのですが、あのとき、米泥棒をお許しになっただけでしたら、その人はそのご恩に感じて、二度と中山家には入らないでしょう。しかし、他家に入ることはあり得ると想像されるのです。なにしろ、その日の暮らしに迫っているのですから。

そこを、わざわざ米をお与えになったということから、あとのことを想像するに、その人はもともと悪い人ではなかったのでしょうから、米にいろいろのものを入れて、十日でも十五日でも食いのばしているうちに、仕事にもつくことができたでしょう。

なぜ私がそこまで考えるかと申しますと、刑務所にお話に行きましたとき、皆真剣に聞いてくれるのですが、社会へ出ると再び罪を犯す人が多いことをしばしば見聞きするのです。それは意気地《いくじ》がないためだとか、いろいろ理由をあげて批評されますが、私が思うに、もう一つ重大な原因として、働く適当な場所がすぐ見つからないということがあります。それで生きるために、やむを得ず再び罪を犯すことも相当多いのです。

私は、教祖が米泥棒に対してとられた態度の中に、現在の司法保護の欠陥を埋める一つの指針をお与えくださっているように思うのです。

恵みのお乳

ある秋の末のこと、一人の女が、垢《あか》にまみれた乳《ち》のみ子を背負い、中山家の門口《かどぐち》に立って、何か食べる物を下さいと申しました。それをご覧になった教祖は、さっそくおかゆを温めて与え、さっぱりした着物まで恵まれたうえ、

「親には志《こころざし》をしたが、背中の子供には何もやらなんだ。さぞ、おなかをすかしていることであろう」

といって、自らその子を抱きとって、まるでわが子のごとく、ご自分の乳房をふくませられたと伝えられます。

なんというすばらしいご態度でしょうか。私たちは人に物を施すとき、つい相手を見下げる心になったり、優越感をいだいたり、高ぶった態度に無意識のうちになりがちです。

教祖は、普通ならまともな扱いをしないであろうその女に対して、まるでお客のように扱っておられると思うのです。同じ人間として十分丁重《ていちょう》に扱っておられるのです。女は、どんなに感激したことでしょう。

私たちは人に物を与えるとき、うっかりすると高い心になりやすいものですが、これを反省せずにはいられません。

子供二人を捧げて

教祖は出産のたびごとにお乳は十分にあったので、そのたびごとに乳不足の子供に乳を与えておられましたが、三十一歳のころ、近所の家で、子供を五人もなくしたうえ、六人目の男の子も、乳不足で育てかねているのをご覧になり、その子を引き取ってお世話をしておられたところ、この預かり子が疱瘡《ほうそう》にかかり、十一日目には黒疱瘡となりました。

当時この病気は悪質で、とてもたすからん、とおそれられていました。医者もサジを投げました。しかし教祖は、お世話をしているうちに死なせるようなことになっては申し訳ない、お世話した甲斐《かい》がない。医者はサジを投げても、あきらめてはいけない、どうでもたすかってもらいたいという切なるお心から、氏神に百日のはだし詣《まい》りをされました。

しかし単なる祈りでは、たすけていただくことはできないとおさとりになり、天に向かって八百万《やおよろず》の神々に「無理な願いではございますが、預かり子の疱瘡のむずかしいところをおたすけくださいませ。そのかわりに、男子一人を残し、娘二人の命を身がわりにさし出し申します。それでも不足でございましたら、願満《がん》ちたその上は私の命をもさしあげます」と一心こめて祈願されました。

その結果、預かり子はご守護をいただいたのであります。

この問題について、いろいろとさとらせていただくのであります。

私はときどき考えるのです。自分がもし、そういう立場に立ったとき、いったいどんな態度をとったであろうか。もちろん、そのときになってみなければわかりません。しかし現在の私が、私の子や孫に対していだいている愛情と、他家の子供さんに対する愛情の差を考えてみますと、とてもそういった態度はとれそうにありません。自分ができないだけに、特に深い感動を覚えるのです。

もう一つの考え方からしますと、教祖にあっては、肉親への愛も、肉親以外の人に対する愛も、わけへだてがなかったのです。ここに教祖の魂のすばらしさを思うのです。

また奇跡は、ただ拝むだけで見せていただけるものではありません。「価《あたい》をもって実を買う」といわれているように、どうでもたすけていただきたいと願うには、願うこちらの真実誠をしぼりきり、捧《ささ》げねばなりません。私たちもおたすけに当たるとき、考えられる限りの努力・真実を捧げることを忘れてはならないと存じます。

月日のやしろに定まる

天保九年十月二十三日の夜、主として教祖の長男・秀司《しゅうじ》様の足痛の平癒《へいゆ》を祈願するため、中山家では修験者《しゅげんじゃ》の市兵衛《いちべえ》さんを招いて、寄せ加持《かじ》をすることになりました。ところが、いつも加持台になるそよという婦人が不在であったので、教祖が加持台になられ、真剣な祈禱《きとう》が始まったのですが、その最中に突然、教祖のご態度が改まり、厳然たるお声で、

「我は元《もと》の神・実《じつ》の神である。この屋敷にいんねんあり。このたび、世界一れつをた

すけるために天降《あまくだ》った。みきを神のやしろに貰《もら》い受けたい」と仰せられましたので、修験者はおどろきました。もっとおどろかれたのは夫・善兵《ぜんべ》衛《え》様であります。

善兵衛様は、教祖が四十一歳の世帯ざかりであること、四人の子供を抱えた母親であることなどから、とてもその思召にはこたえられませんと、再三言葉をつくしておことわりになりましたが、旬刻限が到来して天降られた親神様は、そんな人間の都合では、おひきになりません。

それもそのはずです。教祖の魂は、人間の元初《はじ》まりにおいて苗代《なわしろ》となられた、いんねんある魂のお方であり、中山家の屋敷は、人間をつくり宿しこまれた元の場所であるのです。したがって、世界一れつをたすけたいという親神様の思召のままに、神のやしろとなられるのは、教祖をおいてほかになかったのです。

けれども善兵衛様にはそれが理解できません。一農家の主婦が世界一れつをたすけるとか、神のやしろになれとかいわれても、とても信じることはできなかったのです。

そうこうしているうちに教祖は三日の間、御幣《ごへい》を手にして端座されたまま、一度の食事もとらず、休息もされません。その緊張と疲労のため、このままでは一命のほども気遣われる様子にうかがわれましたので、とうとう善兵衛様は、ことここに至っては、親神様のお言葉に従うほかはないと決心され「みきをさしあげます」とお受けされました。

時に天保九年十月二十六日、朝五ッ刻《どき》（午前八時）のことで、この日をもって教祖は、ただの人間ではなく、月日のやしろとお定まりになりました。

これが天理教立教の元一日であります。

月日のやしろの理

ところで、月日のやしろとは、どういうことでしょうか。

のちに教祖が自ら筆をとって書かれましたおふでさきには、次のようにあります。

いまなるの月日のをもう事なるわ

くちわにんけん心月日や
しかときけくち八月日がみなかりて（十二　67）
心八月日みなかしている（十二　68）

教祖の口、すなわち身体《からだ》は常の人間と変わるところはないけれども、心は月日であるわけです。すなわち親神様のお心そのままであるということ、これが月日のやしろということなのです。親神様の世界一れつたすけたいというお心が、そのまま教祖のお心である。

しかしながら、信仰をしていない方や、信仰の浅い方々から見れば、そんなことといったって、教祖は人間としての生活を、その後もしておられたではないか、主婦のつとめをされたではないか。だから教祖はやはり人間なのだ、と主張されることでしょう。

一応もっともな考え方であります。しかし天保九年以後の教祖の五十年の道すがらを勉強させていただきますと、それは世界一れつたすけたいと、そのお心のみで一貫されていたことを知ることができます。ここに、教祖はただの人間ではない、まさしく月日のやしろであられた証拠があると申しあげたいのであります。

一れつは兄弟姉妹

あるいはまた、心静かにおふでさきを読ませていただくことによって、なるほど、教祖は月日のやしろであられるのだなあということが、だんだんに納得されてまいります。

その一例をあげてみましょう。

当時の日本は将軍が天下を治め、国々には大名が君臨し、その下に武士がおり、さらにその下に農工商などの階級が厳然としていました。農つまり農民の子は農民となり、武士にはなれなかったのです。

そんな時代に、大和の一農家の主婦であられた教祖は、次のように記されています。

高山にくらしているもたにそこに

くらしているもをなしたまひい　（十三　45）

人間はすべて親神の可愛い子供であり、一れつの人間、全人類は兄弟姉妹《きょうだい》である。そして、高山にいるものも谷底にいるものも、同じ魂の持ち主で、貴い卑《いや》しいというようなことはないのだ、といわれているのです。

こんなすばらしいことが、いったい普通の人間にいえたでしょうか。

女性の地位が非常に低かった時代にあって、同じ女性であられる教祖が、しかも社会的身分からすると、田舎の一農家の主婦の身でもって、

この木いもめまつをまつわゆハんでな

いかなる木いも月日をもわく　（七　21）

とも宣言されているのです。あるいは「女松《めまつ》男松《おまつ》のへだてない」ともいわれています。女も男も何ら区別はないのだ。同じ尊い人格を与えられているのだと明言されたのです。

天理教の祭典では、てをどり（手踊り）のときに、女三人男三人と平等に立ってつ

とめます。教会長の任命も、最初から婦人にも許されております。

これらの事実を見つめますとき、私は、何といっても教祖は、ただの人間ではない、月日のやしろであられたのだと、強く信じるのであります。

貧のどん底へ

月日のやしろとなられた教祖は、豊かな農家の生活から一転して、貧のどん底に落ちきってゆかれ、嫁入りのときの荷物をはじめ、食べ物、着物、金銭に至るまで、次々と困っている人に施されました。

なぜ教祖が、そのような道をたどられたのか。親神様の思召は陽気ぐらしということであるのに、貧乏したら陽気ぐらしできないではないか。だから教祖のなされたことは真似のできぬすばらしいことではあっても、これがひながたとすれば、その意味がよくわからん、とお考えになる方もあろうかと存じます。

ところで、親神様のお言葉に「貧に落ち切れ。貧に落ち切らねば、難儀なる者の味が分からん。水でも落ち切れば上がるようなものである。一粒万倍《いちりゅうまんばい》にして返す」といわれます。このお言葉を、よく味わいたいものです。

中山家は農家とはいえ地主であり、当時の悲惨《ひさん》な一般の人々からしますと、豊かで恵まれていました。そんな環境にあって陽気ぐらしを説かれても、人々は「そら中山家の奥様なら、それもできるだろうが、わしらのような貧乏人には縁のないことだ」ということになったでしょう。

しかし当時の世の中は、貧乏な人が大半でした。それらの人に親神様の思召を伝えてゆこうとすれば、難儀している者の心を味わわねば入ってゆけません。そういうところからも、教祖はあえて貧のどん底へ落ちきってゆかれたと思うのです。そして物を施して執着を去れば、心に明るさが生まれて陽気ぐらしができると教えられたのです。

もっとわかりやすく例をあげますと、川でおぼれて流されてゆく人をたすけようとすれば、土手の上からいくら口を出してもたすけられません。土手の下まで降りて、さおを出してすがらせるのです。しかし、これは、たすけられる者が手の届く所におり、幾分体力が残ってる場合に可能です。

弱っている人には、舟に乗ってそこまで行かねばどうにもなりません。おぼれかかっているときは、舟の中にいてはダメで、何としてもドブンと飛びこんで直接引っぱり上げるなりして、たすけねばなりません。このときには自分の身にも危険が伴います。

教祖の場合、まさに川の流れの中に飛びこんで、おぼれかかっている人をたすけようとされたのだと、私はさとらせていただいております。

教えの家の本家本元

また、別の面からの私の、一つのさとりを申しあげましょう。

教祖が月日のやしろとなられてからの五十年のひながたの道は、宗教家としてのきびしさをお示しくだされたものと信じます。人をたすけるには、なまやさしいことではいかんぞ、ということなのです。

宗教家という字から考えてみましょう。この順序を入れかえ、教、家、そして宗と置きかえてみると、教えの家の本家本元（宗）となります。宗教家は他の人と違って、どこまでも教えの家の本家本元ですから、己《おのれ》を空《むな》しゅうして、人のため世のために生きるべきものなのです。己を空しゅうするのですから、金も物も肩書なども問題ではないはずです。

そして、どんな悩みを持ってこられても、それを解決するだけの力（理）をいただいていなければなりません。たとえば私の所へ悩みを訴えてこられた方の苦しみを聞いた私が「そんなことになってるんですか。大変ですねえ。さあ、どうしたらいいんでしょう」と青くなってオロオロしているようなら、相手は、この岩井という人は何とたよりない人だ、これでは相談相手にならないとあきらめ、失望、軽蔑《けいべつ》して帰られます。

反対に、どんな悩み・苦しみを聞いても「よしわかった。私はそういう場合、こうして切りぬけてきた。君も大丈夫だ。ご守護いただける」と相談にのってこそ、相手は安心しますし、信頼するわけです。

教祖の場合、どんな病人でも事情に悩む人でも、教祖ならばたすけてくださると信じて疑いませんでした。また、いかなる心の苦しみをいだいた人でも、ひとたび教祖の御前に出ると、それだけで、すーっと安らかな気持ちになれたと申します。ここまでいってこそ、はじめて教えの家の本家本元であります。そうなるのは私たちの目標であり念願であり、教祖はそこへ至るひながたを示しておられると、私はさとらしていただくのであります。

私たちは親神様のよふぼくであり、教祖の道具衆であるとの自覚がついたなら、苦労をおそれることなく、その中に飛びこんで、相手の方より十倍も二十倍もの苦労の道を歩み、それを体験しておかなければ、宗教家の資格がないわけです。

その点、私は、教祖から大きなご指示をいただいているようにさとるのであります。

出すことの尊さ

次に、宗教家ではない一般の人たちは、このひなが、たから何を学ばしてもらったらよいかということですが、求めること、つかむことが幸福への道ではなく、出すこと、捧げることの中に真の幸せがあるということでしょう。

両手に荷物を持つと、あとは何もつかめません。両手に何も持たないと、自由につかめます。また空気を十分に吸ってしまうと、あとはもう吸えません。吐《は》き出すと、自然に、楽に入るのです。風呂に入っても、自分のほうへお湯を手で寄せると、かえって逃げてゆきます。手で追い出すようにしますと、あべこべに自分のほうへ寄ってくるのです。

また同じことでも、物の世界と心の世界では大きな差のあることも知りたいですね。私たちは金や物が多くなれば、幸福が訪れてくれると思いがちです。これはもう、抜きがたい固定観念として私たちにこびりついています。

しかし見方を変えて考えてみましょう。たとえば、社長は毎日お昼に五百円のラーメンを食べるとします。一方、社員は百五十円のラーメンです。ラーメンを基準にすると、社長は毎日おいしいものを食べており、社員はまずいものを食べていることになります。これではみじめだと思うのが普通でしょう。

しかし心の世界から見たら、そう簡単に割りきれないのです。

というのは、その五百円の社長に今日《きょう》は四百円のラーメンを出したとき、「これはまずいではないか」と不足の言葉が出てきます。三百円では「こんなものが食えるか」と立腹してしまうでしょう。社長は五百円のラーメンが当たり前になっていますから、その上の六百円を持っていけば「おお、こいつはうまい」とはじめて喜びます。

このように、六百円以上でないと喜べないとしますと、案外この社長は、喜ぶこと、うまいと思うこと、ありがたいと感謝できることの世界がせまく、まあ四畳半くらいの広さのお座敷に住んでいるわけです。それだけ、不足や立腹というほこりの世界が広いということにもなります。

一方、百五十円のラーメンを常用する社員は、二百円ならうまいし、五百円なら、アゴがはずれるほどおいしく感じます。すると社員は、広大なグラウンドにいるようなもので、どこを向いてもおいしい、ありがたい、うれしいと喜びが訪れてきます。貧しい、乏しい、苦労の多い世界にも、それにピタッと寄り添って、喜び・感激の世界があることを発見するのです。

こういう低い世界から出発して、五百円のラーメンを食べられるようになっても、ありがたい、もったいないという心を失いませんから、五百円で当たり前だというような心になることはないでしょう。すなわち徳のもらいすぎになりません。たまに百五十円のラーメンをいただいても、昔をなつかしく思い出し、おいしくいただけるでしょう。

「水を飲めば水の味がする。親神様が結構にお与えくだされてある」という教祖のお言葉は、こういう広い心の世界に住むのが陽気ぐらしであると教えられたように思うのです。

笑われそしられても

親神様の思召のまにまに、教祖は貧のどん底に落ちきるべく、身のまわりの物はもちろん、次第に中山家父祖伝来の財産や田地を人に施そうとされました。しかし夫・善兵衞様は、施すことはよいけれども、程度を越すのは反対であるという態度をとられました。

これは当然のことで、当時の家主は、先祖の財産を少しでもふやして子孫にゆずることが大切なつとめであるとされていたのです。それを嫁にきた者が、人に施すよう願われるのですから、善兵衞様としても立場上お困りになるわけです。

しかし善兵衞様が反対をされますと、必ず教祖が病気になってお苦しみになるので、それを見かねて許されると、すぐ元のように教祖は元気になられるのでした。

こうしたことをくり返して十数年の間に、さしもの豊かであった中山家も貧乏になってきましたので、親類はつき合わなくなり、付近の人たちは教祖を正気とは思わず、狐《きつね》つき狸《たぬき》つきと、あざけり笑いました。かくして月日のやしろになられる以前は、あれほど評判のよかった教祖が、一転して悪評のまっただ中に立たれたのであります。もちろん教祖のお心を知る者は誰もありません。

信仰に熱心になりますと、私たちも人から笑われそしられることがよくあります。そんなときは心もくじけがちであり、あまり信仰に熱心になるのも考えものだなと思って、あともどりしようかという心も生じます。しかし、

いつもわらはれそしられて
めづらしたすけをするほどに
（三下り目　5）

とみかぐらうたにありますように、ここを通りきってこそ、珍しい守護も見せていただけるのだと、教祖の道すがらをしのんで、勇気を取りもどしたいものであります。

善兵衛様の出直し

嘉永《かえい》六年（一八五三年）、夫・善兵衛様はお出直しになりました。思えば善兵衛様

もすばらしい魂を持たれた偉大なお方であると、私は心から崇拝しています。嫁にこられた教祖が、どんどん財産を施してゆかれる。夫として不甲斐《ふがい》ないと人から悪くいわれる。その中を、ただの人間である善兵衞様がよくお許しになり、自らも貧のどん底に生活され、前途に何の光明も見いだせないままになくなられたのです。そのご生涯はお道の陰の功労者であると私は固く信じるのです。同時に、いかに深く教祖を愛し、信じておられたかがうかがわれます。

この年に中山家の母屋《おもや》がいよいよ売られ、人手にわたることになりました。これは大きな出来事です。借金があっても没落したとはいいません。首が回らなくなったという程度です。しかし先祖から伝わった中心建物は家のシンボルです。この母屋の取りこぼちは、完全にその家の没落を意味します。もうくるところまできた、という暗い気持ちになるのが当然のところです。

しかし、その日、教祖は「これから、世界のふしんにかかる。祝《いお》うてくだされ」といって、いそいそと人夫たちに酒肴《さけさかな》を出されたといいます。教祖は、人の目にはどう映ろうとも、いよいよこれから世界たすけの道が花咲いてゆくのだという見通しが見えていたのでしょう。だから、めでたいから祝うてくだされといわれたと思います。そして事実、この年を境として、お道が世界へのびてゆくようになったのです。

その一つの現れとして、善兵衞様のお出直しと同じ年、教祖は末女のこかん様を浪《なに》速《わ》の町（大阪）へ出されました。当時こかん様は十七歳です。こかん様は、にぎやかな街角に立って「なむ天理王命《てんりおうのみこと》、なむ天理王命」と拍子木を打ちながら、元気な声で、はじめて神名を流されたのです。これが天理教のにをいがけの第一声であったのです。

普通なら夫の出直しということになれば、忌中《きちゅう》として、きわめて消極的な生活をすごすのが普通とされます。そんなとき、教祖は実に積極的なご態度で通られています。

天理教ではよく「ふし（節）から芽が出る」と申しますが、この教祖のご態度は、まさにそれでありました。私たちも大きなふしにあったとき、それにとらわれて、いたずらに悩んだり迷ったりすることなく、このときこそ積極的に神意を求め、神様のご用に励みたいものです。

をびや許し

善兵衛様がなくなった翌年の嘉永七年、教祖は初産《ういざん》のため帰っていた三女おはる様に対し「何でも彼《か》でも、内からためしして見せるで」といわれて、おなかに息を三度かけ、三度なでておかれました。おはる様は、その年の十一月に出産されましたが、大地震でゆれにゆれるという中で、いとも楽々と男の子を産まれました。これがをびや許しのはじまりであります。

これを見た近所の人が次々と願い出るようになり、いずれも教祖のいわれたように、親神様におもたれしておれば、当時の風習である毒忌《どくい》みや、もたれ物をしなくても安産させていただくことができました。このをびや許しが口から口に伝わって、次第に教祖はただの人間ではない、月日のやしろであるということが知られるようになってきました。

をびや許しは、人間宿しこみの親里である元のやしきから出される安産のお許しであります。親神様の守護により、これを受けた者は必ず皆引き受けて安産さす、と請け合われるのであります。これこそ人間の元の親である親神様にして、はじめてなし得ることであり、ありがたいご慈悲であります。そして、これが道あけとなって、にわかにお道が発展してゆくことになりました。

現在、このをびや許しは妊娠六カ月から戴《いただ》くことができます。

やさしいたとえ話で

教祖は親神様の思召を伝えるうえに、およそ三つの方法・筋道をおとりになりました。これを私たちはよく「口に、筆に、行いに」と申します。

「口に」というのは、お口をもってお話しされたことです。「筆に」というのは、自ら筆をとって書き記されたことを指します。それはおふでさき、みかぐらうたであり、いずれも大切な原典となっています。「行いに」というのは、実地に通って見せてくださったわけです。以上の三つですが、これはあらゆる方法で、といってもよろしいかと存じます。

ところで教祖は、お話にしろ、書き物にしろ、誰にもわかるように、やさしい表現で、たとえ話を多く用いて話されています。また原典は主として平がなで書かれています。

たとえ話としては、たとえば、

みづとかみとはおなじこと
こゝろのよごれをあらひきる
（五下り目　3）

といわれています。汚い、にごった水は飲むこともできないし、物も映りません。それと同じく汚れた心では、親神様のお心も人様の真実もわからないのです。しかし、何度も何度も神様のお話を聞かせていただいていますと、「水と神とは同じこと」で、心の汚れが洗い清められ、人様の真実も、親神様の思召も、よくわかってたすかるのであります。

それだけではありません。子供にマンマ、大人には食事というように、教祖は、私たちの成人に応じて、いろいろに言葉をかえて教えてくださっています。こうしたところに、何とかして人間たすけたい一条の親神様のお心を伝えてやりたいと、いうにいえぬご苦心をされていることを感じさせていただけます。

このご苦心、親心を無視して、天理教のお話は低級であるとか、非学問的であるとか批評する人がありますが、これは表面だけしか見ない浅薄な見方でありましょう。

むずかしく話すのは楽ですが、やさしく誰にもわかるように話すのは、とてもむずかしいのです。お道のお話は、全人類にわかるようにとの親心がこめられていると知らねばなりません。学問がなくてもわかる、どんな方でも読める、それが大切です。

やわらかい物なら、歯の悪い方でも、歯のない方でも食べられますが、かたい物なら丈夫な方だけに限られます。どんな方にでもわかるように、十分かみくだいてお話をさせていただける努力を常に心がけたいと私は思っています。

きびしい反対攻撃

教祖のもとにふしぎなたすけを求めて寄り集う人々がふえるにつれて、今度は別の問題が生じてきました。それは、ねたみやそねみから出てくる世間の反対攻撃です。付近の医者や寺院、あるいは有力な神社などから、入れかわり立ちかわり人がきて、あるいは論難し、あるいは乱暴狼藉《ろうぜき》を働くなど、あらん限りの邪魔をするようになりました。

そんなとき、親神様の教えを守ることにおいては、毅然《きぜん》としたご態度で、そして人に対してはいつもニコニコと接せられ、「ほこりはよけて通りなされ」と、決して争われませんでした。

いくら反対攻撃が加えられようと、世の中で一番強く一番尊いのは、何といっても、教祖のところへ行けば、いかなる者でもたすかるという事実であります。かくして、たすけられた人々は、教祖のことを次々と人々に知らせ、誘い合いまして、おぢばへ帰ることを楽しみとして通ったのであります。

警察へのご苦労

明治時代になりますと、無断で人を集めてはいけないという法律ができました。お屋敷は毎日のように多くの人が遠近から集まりますので、これが警察の取り締まりの対象となったわけであります。

この際の警察の方針は、一切は教祖の責任であるとして、何かというとすぐ教祖を留置所や警察署へ連行しました。木にたとえると教祖は根であり、信者は枝葉である。根である教祖を引っぱれば、信者は木の葉のように散ってゆくだろうと考えたのです。教祖が警察や監獄へご苦労になったのは、明治八年（七十八歳）から、十九年（八十九歳）にわたって、およそ十七、八回に達しています。

明治八年には、末女こかん様の身上《みじょう》が悪化し危篤《きとく》となられまして、教祖がお屋敷へお戻りになる前になくなっています。長らく教祖のおそばにあって苦労を共にしてこられたこかん様の最期《さいご》にもお会いにならなかったのです。私どもでしたら心がくじけそうになるところですが、教祖は一向に心を倒されず、いよいよ救済の手を広げてゆかれました。それにつけても、一れつの子供をたすけたいというお心が、どんなに深く、どんなに大きかったか偲《しの》ばずにはおれません。

明治十四年、もっともたよりとされていた長男・秀司様も出直され、教祖は、いよいよ孤独になられました。このとき教祖八十四歳です。もうとっくに隠居されてもよい年齢なのです。その高齢をもって、その年にも丹波市《たんばいち》警察分署へご苦労になりました。翌十五年には秀司様の奥様まつゑ様のご病気中、奈良で十二日間の拘留《こうりゅう》を受けておられます。こうした、きびしい弾圧は、いつ果てるともしれませんでした。

その中を、教祖は「ふしから芽が出る」とか「谷底からせり上がる」とかいわれて、実に明るく勇んでお出かけになりました。この教祖のお心に感じたのか、信者はいよいよ教祖をお慕いし、警察からお帰りになる折に出迎える信者の数はふえる一方でありました。

いかなる権力もさまたげることのできないもの、それは人間の真実であり、たすける喜び、たすかった喜びであります。

雨乞いづとめ

明治十六年は大干ばつで、困りきった村の人たちは、どうか雨乞《あまご》いづとめをしていただきたいと、お屋敷に願い出ました。人が集まっておつとめをすれば、必ず教祖にご苦労がかかりますので、ことわっていましたが、たっての願いなので教祖にお伺いすると、

「雨降るも神、降らぬのも神、皆、神の自由《じゅうよう》である。心次第、雨を授けるで。さあ掛《かか》れ〳〵」

とのお言葉がありました。そこで人々は心をそろえ、勇んでおつとめにかかりますと、晴天であったのが、東の山の空に黒い雲が現れ、やがて大雨となり、三島《みしま》の川筋にたちまち水があふれるくらいに流れてきましたので、村人も大喜びしました。

その喜びも束《つか》の間、丹波市警察分署から数名の巡査がやってきて、おつとめに立ち会った人々を連行して取り調べ、その結果、教祖には二円四十銭の科料《かりょう》が申し渡され、先生方にも、それぞれ科料がありました。

私はこの場面を想像しては、私の大切な人生観にしています。

当時、村の人たちは必ずしも天理教に好意的であったわけではありません。中にはおぢば帰りをする信者に悪さをして困らせる人もあったそうです。その村人のたっての願いにより、危険を覚悟して雨乞いづとめをし、ご守護を見せていただいたのです。このようにすばらしいよいことをしたのに、警察から理不尽な難くせをつけられて罰金をとられるとは、割に合わぬというものです。しかし、ここに私たちの思案すべき点があるのです。

悪いことをしてわびるのは当たり前

悪いことをして叱《しか》られておわびする、これなら当たり前だからまあまあだが、よいことをして叱られておわびするのは、ばかばかしいと思われることでしょう。

しかし、悪いことをして叱られておわびする、これでは当たり前の種しかはえません。よいことをして叱られておわびする、これは人間の常識からすれば確かに理屈に合わない、損な話でありますが、こうすることによって、よいことだけが残るのです。これが、すばらしい運命をつくり、徳を積むことになるのではないでしょうか。

思わざりしことが現れたら、これを不思議と申します。そして人々は不思議を求めるのであります。不思議という思わざりしご守護をいただくには、当たり前の心遣いをし、当たり前のことをしていたのではダメです。思わざりし心遣いをしてこそ、思わざりしご守護がいただけると信じます。ここのところを、さとりたいのであります。

皆さんの日々の生活にも、こうしたことがよくありましょう。たとえば公園清掃ひのきしんに参加したり、教会に参拝する。これは皆、よいことをしたのです。自分だけではなく、一家の幸せのため、あるいは社会の幸せのために、よい種をまいたのですから。

しかし、そのために帰りがおそくなり、家族の方から不足や文句が出たとします。こんな場合、すんなりと「おそくなって申し訳ありません」という言葉は申しにくいもので、かえって「そんなことといったたって……」と反発的な言葉が出たり、理由をあげて言い訳をしたりしがちになります。

これではせっかくよいことをしたのに、自分も不足したり喧嘩《けんか》したりでは、あとによいことが何も残りません。よいことをしたのは事実でありましても、おそくなったのも事実ですから、素直に「すみません」とわびたら、よいことだけが残り、これが徳となって、可愛い子供にもよい運命をいただくことになるのではないでしょうか。

何でも合理的に考える現代、こうした考え方もまた大切かと存じます。

警察での教祖

生駒《いこま》おろしが肌をさす冬の大和盆地はきびしい寒さです。その中にあって教祖は、畳の敷いてない吹きさらしの板の間にお入りになったのであります。夜おやすみになるときには、布団もなく、上に着ておられる黒の綿入れをぬいでそれをかぶり、下駄《げた》に帯をまきつけて枕《まくら》としてやすまれたのであります。夏は夏でむしあつい牢獄《ろうごく》です。大和は蚊《か》が多い土地です。皆さん方も、たった一匹の蚊に悩まされて眠れなかったという経験をされたことと思いますが、教祖の場合、一匹や二匹ではなかったのです。その、ものすごい蚊を打ち払ううちわもなく、幾夜もおすごしになったのであります。

人をたすけるという、この世で一番よいことをしてこんな目にあえば、私どもならば不平不足が出たり、もうこりごりしたと尻ごみしてしまうところです。しかし教祖は、いつも「親神がつれてゆくのや」と平然としておられ、官憲の取り締まりや干渉については「このところ、とめにくるのは、埋《おぼ》りた宝を掘りにくるのや」と仰せられていいます。巡査などに対しても、知らぬが無理ではない、反対するのも可愛いわが子であると、変わらぬ親心でお通りになりました。これこそ、まさに月日のやしろであられる証拠といえましょう。

明治十九年、教祖八十九歳のとき、櫟本《いちのもと》警察分署へ最後のご苦労をくださった折のことです。徹夜の取り調べがすんで、夜があけました。見張りの巡査はうつらうつらと居眠りしています。その机の上のランプがなお灯《とも》りつづけているのをご覧になった教祖は、つと立って、その灯《ひ》を吹き消されました。目を覚ました巡査がどなると「お日様がお上がりになっていますに、灯がついてあります。もったいないから消しました」と仰せられました。

早朝から教祖は道路に沿うた板の間にすわらされました。外を通る人に見せて、こらしめようという考えからそうなったのです。その格子の所へ寄ってきて、さんざん悪口をいうてゆく者もありました。しかし教祖は、そんなことを少しも気にかけられません。

それればかりか、ある日、外を菓子売りが通るのをご覧になって、お供のひささん（孫娘）に「あの菓子をお買い」といわれました。巡査が退屈して眠っているから、あげたいと思われてのことです。本当に、全人類は神の子というお心そのままであります。

一方「おばあさん」と呼ばれると、「この所に、おばあさんはおらん。われは天の将軍なり」と、厳然たる態度で仰せられています。身はたとえ、いかなる境遇におかれようと、月日のやしろである理を堅持されたのであります。こういうところは十分に学ばせていただかねばならんと思うのであります。

おつとめについて

教祖は五十年の道すがらを通じて終始一貫、つとめをせよ、と急《せ》きこまれました。つとめとは、人間元初まりにおいて子だねを宿しこまれた、ほんまん中の地点、すなわち私たちは、それをぢばと呼ぶように教えられているのですが、そのぢばの証拠にすえられているかんろだいを取り囲んで勤めるものであります。そこで、かんろだいづとめともいわれるのであります。

このつとめはまた、かぐらづとめとも申しまして、選ばれた十人のつとめ人衆が、それぞれ面をつけて勤めるところから、そういわれているのです。心を一つにして陽気に勤めるよう教えられているところから、よふきづとめとも申しています。

　教祖は、このつとめによって、いかなることもすべてたすかってゆくのである、つとめこそ救済の根本であると教えられました。それも単に個人の病気や事情の悩みにとどまりません。豊かな稔《みの》りや平和な栄えなど、広く世界の上に親神の恵みを及ぼすつとめであります。それゆえにたすけづとめとも申します。

　このように呼称はいろいろにありますが、これらは、場所・形態・目的その他から、そのようにいわれているのでありまして、決して別々のものではございません。つとめの地歌が、すなわちみかぐらうたで、次のように唱えるのであります。

あしきをはらうてたすけたまへ　（二十一回）
てんりわうのみこと

ちよとはなし　かみのいふこときいてくれ
あしきのことはいはんでな
このよのぢいとてんとをかたどりて

ふうふをこしらへきたるでな
これハこのよのはじめだし　（一回）
あしきをはらうてたすけせきこむ
いちれつすましてかんろだい　（七回ずつ三回、計二十一回）

明治二十年正月のこと

このつとめこそ、全人類がたすかる大切なたすけづとめであるから、教祖は常に、それを急きこまれたのです。これはまことに、ありがたい思召であります。ところが実際は、その実行がなかなかむずかしかったのです。

これを勤めるには、十人のつとめ人衆のほかに、地方《じかた》もいれば、鳴物を奏でる人もいます。参拝者が寄り集います。人が集まれば警察が動きだし、その結果、教祖が拘引されることになります。しかも教祖は高齢であります。そこで当時の人々は、教祖の御身を思ってなかなか実行できなかったのです。

しかし教祖は、そんなことを案じて実行をためらっていては、いつまで経《た》ってもたすけ一条の道は進展しない。国の法律がいかにきびしくとも、親神様の思召を第一として、そのとおりにするのが信仰なのであると、くり返しきびしくいわれます。しかも明治二十年の初めは、教祖のご身上もよろしくありません。

ここに至って当時の人々は、いかなることがあろうと、その思召に従う心を定め、明治二十年陰暦正月二十六日、白昼堂々と勤めたのであります。このとき、大勢の参拝者がありましたが、警官は一人も来ませんでした。

これにより教祖もお喜びくださり、元気になってくださることであろうという思いと反して、それが終わりました午後二時、教祖は満足げに息を引き取られたのであります。

悲しみを越えて

人々は、昼が夜になったようなおどろきと悲しみにおそわれるとともに、将来に対する絶望的な不安につつまれました。

教祖はかねがね百十五歳定命《じょうみょう》とお話しされており、教祖はその年までおられるものと信じきっていましたのに、御歳《おんとし》九十歳で、すなわち二十五年も早く御身を隠されることになったのです。しかも教祖の仰せのままにつとめを勤めたにもかかわらず、この結果ですから、人々は呆然《ぼうぜん》自失の態《てい》でした。もうこれでお道もおしまいであると思ったくらいであります。それほど教祖にもたれきった人々でありました。

しかし飯降伊蔵《いぶりいぞう》様（のちの本席様）を通じて、次のような神様のお言葉がありました。

「……神が扉開いて出たから、子供可愛《かわ》い故《ゆえ》、をやの命を二十五年先の命を縮めて、今からたすけするのやで。しっかり見て居《い》よ。今までとこれから先としっかり見て居よ。……」（明治20・2・18）

いよいよ親神がやしろの扉を開いて出たからには、すべて現れてくる。子供可愛《かわい》いばっかりに、その心の成人を促そうとて、まだこれから先二十五年ある命を縮めて、突然身を隠した。今からいよいよ世界を駆けめぐってたすけをする。しっかり見ていよ。今までとこれから先と、どう違《ちご》うてくるか、しっかり見ていよ、と仰せられたのです。

つとめをすれば教祖が拘引されるとて、教祖の身を案じてためらっていては、大切なたすけが遅れる。それでは子供が可哀想である。しかし教祖が身を隠せば、いかに警察とてどうすることもできないであろう。さすればみんなも、いわれるままにつとめができるであろう。こういうわけで、子供可愛いから身を隠したのである。ここのところをしっかり思案しなければならぬ。みんなはもうこれで終わりであると悲観しているが、そうではない。今から本当の世界たすけにかかるのであるから、希望を持ってしっかり見ておれ、と励まされたのです。

教祖存命の理

このお言葉をいただいて人々は、教祖はお姿を隠されたのちまでも生きて働かれると、ようやく安堵《あんど》の胸をなでおろしました。

このように、教祖は月日のやしろと定まってから五十年、身をもって世界たすけの上にお働きくださっただけでなく、お姿を隠されてのちも、存命のままにお働きくださるのであります。ここに、どこまでも世界一れつたすけたいという親心の極致がうかがわれるのであります。

さらに、のちにおさしづをいただいています。

「さあ〳〵これまで住んで居る。何処《どこ》へも行てはせんで、何処へも行てはせんで。日々の道を見て思やんしてくれねばならん」（明治23・3・17）

教祖は、いついつまでも存命のまま元のやしきにとどまって、一れつ子供の成人を守護されているのです。そして事実、教祖がお姿を隠されてからわずかの年限で、日本全国に教えが広がっていきました。至る所でふしぎなたすけが続出し、人々はここに、教祖が存命のままにお働きくださっていることを実感したのであります。

そして、これは今も変わらないのであります。

信仰の角目

別席とおさづけの理

別席について

汚れた物品は美しい水で洗います。形のない人間の心を洗うには、美しいお話を何度も聞かせていただくことによって洗うことが大切であります。

その美しいお話とは、親神様のお心を聞かせていただくことです。そして、親神様を信じ、聞かされたままを実行することによって、身も心もたすかってゆくのであります。

天理教の神様のお話は、どこでも聞かせていただけますが、その中で最高に美しい、純粋なお話が別席であります。

別席はおぢばで聞かせていただくお話で、男女の別なく、満十七歳以上の方なら、どなたでも願い出て聞かせていただけます。このお話によって、銘々が今日まで通ってきた道すがらに、思い違いや行い違いの点があったら、それを反省し、心が洗われて治まってこそ別席を運んだことになるわけです。

かくして心が十分治まるよう、同じ内容のお話を、だいたいひと月に一回（おぢばからの距離によって多少違います）、九カ月にわたって九度くり返して聞かせていただくのです。その場所として、現在おぢばに建てられている「おやさとやかた」東棟の一部が別席場となっております。

ここには百人くらいが入れる部屋が、たくさんありまして、静かに聞かせていただけます。一万人の方が運ばれましても、部屋を百に分け、取次人《とりつぎにん》（お話をする人）が百人出ます。大きな講堂を使うことはありません。

別席のお話がなぜ、純粋で最高の美しいお話なのかと申しますと、親神様の人間に対する思召《おぼしめし》と教祖《おやさま》の道すがら、ひながたその他をお取り次ぎするからです。

講演などの場合、私は自分の入信動機、あるいは自分のさとり、家庭問題を遠慮なくお話ししますが、別席のときは絶対に申しません。ひたすら親神様の思召を取り次がせていただくわけです。そして取次人が何人代わっても、お話の内容は同じであります。したがって九回運んだら、それだけ同じ内容のお話を聞くわけです。これが別席の特色でしょう。

なぜ九回も聞かせていただくのかというと、ちょうど赤ちゃんが宿しこまれてから十《と》月《つき》十《とお》日《か》で生まれ出すように、九回聞いて、ほぼ十カ月の内に美しい心に入れ替わり、いわば生きながらにして本当の親神様の子供にふさわしい人間として生まれかわるためであります。

同じお話を九回も聞かせていただく所は、世界広しといえども、この別席しかないでしょう。それだけ大切なお話とお考えいただきたいのです。

太陽の光が輝いていましても、雲が出てきたら光は失われます。雲が晴れると再び輝きます。親神様を太陽としますと、その太陽の輝きを消していくのが、私たちの心のほこりなのです。私たちは自分の心のほこりで、親神様のご守護をいただけなくしておいて、自分で苦しんでいるといえるでしょう。

そこで、美しいお話を聞いて、それを心に治めて実行し、ほこりを払っていけば、親神様のご守護は、そのまま頂戴《ちょうだい》できるのです。だから別席を運ぶことは、銘々の運命がよくなることであると私は堅く信じます。

おさづけの理について

かくして九席目で満席となりますが、この間に培《つちか》わせていただいた、人をたすけたいとの誠真実の心に、おさづけの理が授けられます。

したがいまして別席は、何よりも尊い天の理を頂戴するための心づくりのお話を聞かせていただく席であります。

おさづけの理は、親神様が、世界一れつの人間に陽気ぐらしをさせてやりたいという切なる親心によって授けられる、身上《みじょう》たすけの道でありまして、病気で苦しみ悩んでいる人に、親神様のご守護がいただけるよう、おさづけの理を取り次がせていただくのです。

いまゝでハやまいとゆへばいしやくするり
みなしんバいをしたるなれども　（六 105）
これからハいたみなやみもできものも
いきてをどりでみなたすけるで　（六 106）

とおふでさきに記されていますが、「いきてをどり」というのがおさづけの理です。

おさづけの理は皆、同じ理を戴《いただ》くのですから、重い軽い、すなわち、よくきいたりきかなかったりするというものではありません。ただ、頂戴したこちらが真実誠をつくすかつくさないかによって、重い軽いということになってくるものと思います。

学歴があるからないから、社会的地位があるからないから、そんなことも無関係です。銘々の日々の真実誠と、たすけられた方々の真実誠、信ずる心に、すばらしいご守護を見せていただくわけです。

また、おさづけは道の路銀ともいわれています。簡単に申しますと、おさづけを取り次がせていただくならば、何ら不自由なく生きてゆけるということであります。そしておさづけは、何も教会長でなくてもよろしい、商売をしている人でも、家庭の主婦でも、戴いた日から、いつでもどこでも、病人さんに取り次ぐことができます。

おさづけの理を戴いた人、この人をよふぼく（用木）と申します。よふぼくは教祖の道具衆であると聞かされるように、教祖の手足となって、世界たすけの上につとめてゆく尊い使命を与えられているのです。

喜びと誇《ほこ》りを持って、よふぼくは勇み立ちましょう。

親神天理王命

人間が生きておれるのは

私たちの信奉する親神様を、私たちは天理王命《てんりおうのみこと》とたたえて祈念します。

親神天理王命は、紋型《もんかた》ないところから、人間世界をつくり、永遠にかわることなく、万物《よろずのもの》に生命を授け、その時と所とを与えられる元《もと》の神・実《じつ》の神であられます。

このよふを初た神の事ならば
せかい一れつみなわがこなり　（四　62）
いちれつのこともがかハいそれゆへに
いろ〳〵心つくしきるなり　（四　63）

世界全人類の親であられる親神様は、ちょうど人間の親が、その子を育てるように、絶大なご慈愛をもって、人間はじめ世界万物の生成をお見守りくださっているのです。
親神様は元初まりに当たって、親しく道具・雛型《ひながた》に入りこみ、十全の守護をもって、この世・人間をつくられました。それだけではなく、以後常にかわることなく、身の内（身体《からだ》のこと）の一切を貸して、その自由をご守護くだされています。私たちが毎日元気で働けるのも、このご守護のおかげであることを忘れてはいけません。
また、私たちが不自由なく生きてゆけるようにご配慮くだされ、立毛《りゅうけ》（米などの農作物）をはじめ、生活に必要なもの一切をお恵みくださっているのです。

その守護の理

親神様の守護の理は、これに神名を配して説き分けられています。

くにとこたちのみこと　人間身の内の眼《め》うるおい、世界では水の守護の理。

をもたりのみこと　人間身の内のぬくみ、世界では火の守護の理。

くにさづちのみこと　人間身の内の女一《おんないち》の道具、皮つなぎ、世界では万《よろず》つなぎの守護の理。
月よみのみこと　人間身の内の男一《おとこいち》の道具、骨つっぱり、世界では万つっぱりの守護の理。
くもよみのみこと　人間身の内の飲み食い出入り、世界では水気《すいき》上げ下げの守護の理。
かしこねのみこと　人間身の内の息吹き分け、世界では風の守護の理。
たいしよく天のみこと　出産の時、親と子の胎縁《たいえん》を切り、出直しの時、息を引きとる世話、世界では切ること一切の守護の理。
をふとのべのみこと　出産の時、親の胎内から子を引き出す世話、世界では引き出し一切の守護の理。
いざなぎのみこと　男雛型・種の理。
いざなみのみこと　女雛型・苗代《なわしろ》の理。
すなわち、親神天理王命のこの十全の守護によって、人間をはじめ万物は皆、その生成をとげているのです。
たん／＼となに事にてもこのよふわ
神のからだやしやんしてみよ　（三　40・135）

親神様の呼称

親神様には、いろいろの呼称がありますので、なかには、天理教は多神教ではないかという疑問を抱かれる人もあるようです。

しかし考えてみますと、呼び名がいろいろあるのは不思議でも何でもありません。私自身をとってみますと、生物としてのヒトですし、日本人ともいいますし、男子でもあります。子供からいえば親、妻からは夫、親からは息子であり、友人からは岩井君と呼ばれます。誰《だれ》もそれを不思議がりません。

そこで親神様の呼称も、元の神とか実の神とかいわれるほか、神、月日、をや（親）といろいろありますが、これは別々のものではなく、結局、親神様のことなのです。

では、なぜ月日という呼称が用いられているのでしょうか。親神様はお姿の見えない存在ですが、それだけでは親しみが感じられないでしょう。そこで、目のあたり天に仰ぐあの月や太陽が親神様の天にての姿であると、目に示して教えられたのです。月と太陽は世界を隈《くま》なく照らし、うるおいとぬくみとをもって、夜となく昼となく、万物を育てる守護をしてくださっています。そのように人間を育ててくださっているのが親神様であると、親しみとありがたい恵みを私たちが感じることができるよう導かれたのではないでしょうか。

をやとは親です。神とか月日との呼称によって、親神様の偉大さを教えていただいていますが、もっと人間の身近にある親神様であるということをお知らせくださっているわけです。

神といいますと、従来の日本人の風習では、神様、神様といって拝んでいますが、心の隅《すみ》では何かおそれの念があります。たとえば「さわらぬ神にたたりなし」とか、神罰とかいっておそれるのがそれです。しかし神と人間とは、そんな冷たい間柄ではない、親と子の間柄であるといわれているのです。

人間同士の場合、たとえば子供が「ただいま」と学校から帰ってきて、今日《きょう》はこんなうれしいことがあった、こんなつらいこともあったと、親と心おきなく語り合っている姿、これが親と子です。何でも打ち明け、すがりつかずにはおられない、これが子供にとっての親です。

親神様とは人間にとって、そういう存在であることを、をやという呼称で教えられているわけであります。

せかいぢう神のたあにハみなわがこ
一れつハみなをやとをもゑよ　（四　79）

にち〳〵にをやのしやんとゆうものわ
たすけるもよふばかりをもてる　（十四　35）

元の理について

おふでさきに、

きゝたくバたつねくるならゆてきかそ
よろづいさいのもとのいんねん　（一　6）

と教えられています。この「よろづいさいのもとのいんねん」は原典、ことにおふでさきに示されていますが、その中でも、この世・人間の元初《はじ》まりに関するお話を「元の理」といいまして、天理教の根本教理であります。

その概要は『天理教教典』第三章にまとめられてありますので、それをお読みいただくようお願いすることにいたしまして、なぜ親神様が、このようなお話をされたかを、少しだけ考えさせていただきましょう。

月日にわせかいぢううをみハたせど

もとはじまりをしりたものなし　（十三　30）

このもとをどふぞせかいへをしへたさ

そこで月日があらわれてゞた　（十三　31）

とありますように、私たち人間は、いつ、どのようにして存在するようになったのか、創造されたのか、それを知る者はありません。いや、知ることができないのです。その人間が知り得ないことを、創造主である親神様が直々《じきじき》に説き明かされたのが元の理です。

けれどもこれは、いわゆる人間創造の説話ではありません。親神様がなぜ、教祖《おやさま》をやしろとして、この世の表にお現れになったかということ、なぜおつとめをするのかということ、そういう根本教理を人間に了解させようとしてお話しくだされたものとさとらせていただきます。

私たちは、このお話によって、本当に親神様によってつくられ、守られている人間だなあということが、よくわからしてもらうのであります。

朝夕のおつとめのお歌

朝夕のおつとめとは大切なことですが、そのときのお歌には、どんな意味があるのでしょうか。また、どんな気持ちで唱えさせていただいたらよいのか、それを考えてみましょう。

あしきをはらうてたすけたまへ
てんりわうのみこと　（二十一回）

これは人間から親神様へのお願いであります。悪《あ》しきを払ってたすけてくださいとお祈りし、お願いをするわけです。

普通「あしき」は病気のことを指しますが、かといって病気をたすけてくださいという意味だけではないと思います。「病のもとは心から」「難儀するのも心から」と教えられるように、むしろ病気や事情のもととなる私たちの悪しき心遣い、心のほこりという意味合いが強いと思います。
ここから思案しますと、単に親神様にお願いしてたすけてくださいというのではいけないわけです。ほこりを払《はろ》うて美しい心になりますからお願いします。あるいは美しい心にしてください、そうしてたすけてくださいとお願いするのが本当でしょう。たすけてくださいということは、陽気ぐらしできるようご守護くださいということになるでしょう。

ちよとはなし　かみのいふこときいてくれ
あしきのことはいはんでな
このよのぢいとてんとをかたどりて
ふうふをこしらへきたるでな
これハこのよのはじめだし　（一回）

これは親神様から人間へのお呼びかけといえましょう。
今からおまえたちにいおうとする話は、ちょっとした話である。長い話でもなく、むずかしい話でもない。だからぜひ聞いて心に治めてくれ。おまえたちにとって都合の悪い、また聞いてためにならぬようなことはいわないのだからと、かんで含めるような親心あふれるお言葉からはじまります。次に本論とでもいうべきお話の内容です。

この世の地と天とをかたどりて夫婦をこしらえきた、といわれるのであります。簡単に申しますと、人間生活の基本は夫婦生活であることを教えておられます。人間の夫婦の関係は「天は父や、地は母親の体内と同じご守護の理や」と聞かされますように、この夫婦がお互いに立て合いたすけ合ってゆくところに陽気ぐらしの基本があり、またすばらしい子供も恵まれるのであります。

ふたりのこゝろをさめいよ
なにかのことをもあらはれる
（四下り目　2）

とも教えられますように、夫婦の治まりは、この世で一番大切なものと存じます。

次に、

あしきをはらうてたすけせきこむ

いちれつすましてかんろだい　（三回ずつ三回計九回）

と唱えます。

先の「あしきをはらうてたすけたまへ」は、人間の立場から親神様に捧《ささ》げるお祈りの言葉ですが、この「あしきをはらうてたすけせきこむ」は、親神様が、そのご理想をお述べになっているお歌であるとさとらせていただきます。

すべての人間が心の悪しきを払うて澄みきった心になったならば、かんろだいの建設が実現するのだとの意味であります。これが陽気ぐらしの実現です。

かんろだいは、人間宿しこみの元のぢばに、その証拠としてすえる台で、人間の創造とその成人の理とを表して形造り、人間世界の本元と、そのきわまりない発展を意味します。

原典について

原典は、おふでさき、みかぐらうた、おさしづの三つをいいます。私たちは、この原典を通して、親神様の思召《おぼしめし》を教祖《おやさま》から直接お教えいただくのです。いいかえますと、存命の教祖が原典を通して、私たちに親しく語りかけてくださっているもので、私たちの信仰の定規《じょうぎ》であり、心の糧《かて》となるものであります。

おふでさき

おふでさき（お筆先）は教祖が親しく筆をとって書き記されたもので、原本は今も保存されています。明治二年に筆を起こされ、明治十五年に至るまで、親神様の思召をお記しになったもので、第一号から第十七号まで、その数は一、七一一首のお歌からなっています。

おふでさきについては、

このよふハりいでせめたるせかいなり
なにかよろづを歌のりでせめ
（一　21）

とお記しになっていますように、この世界はすべて親神様の摂理の世界であり、この親神様の思召を歌の理でお説きくだされたものです。そして、

だん／＼とふでにしらしてあるほどに
はやく心にさとりとるよふ
（四　72）

と教えられますように、すべての教えの根本が記されてあるから、くり返し読んで心にさとりとり、教えどおりに生きるようにといわれているのであります。また、おさしづに、

「これまでどんな事も言葉に述べた処《ところ》が忘れる。忘れるからふでさきに知らし置いた。ふでさきというは、軽いようで重い。軽い心持ってはいけん。話の台であろう。取り違いありてはならん」
（明治37・8・23）

と示されていますように、私たちは、これを重く大切に受け取らしていただかねばなりません。

おふでさきの内容は多岐にわたりますが、一貫してうかがわれますのはおつとめの急《せ》きこみであります。また、教祖は月日のやしろであられることも強く諭されています。元の理についても記されています。

みかぐらうた

みかぐらうたは教祖がお教えくだされたお歌で、慶応《けいおう》二年から明治八年にかけてご制作くださいました。

その当時は反対攻撃の激化する最中であり、貧のどん底でありましたのに、実に明るいお歌であります。これを唱えることによって私たちが、どんな苦しい中にあっても生きる喜びがよみがえってくることを体験させていただくことができます。

みかぐらうたはおつとめの地歌でありまして、親神様の思召が数え歌で表現されています。教祖は慶応三年からその後満三年かかって、そのお手振りを教えられたということですが、『稿本天理教教祖伝逸話篇』の一八に「理の歌」として、次のような話が収録されていますので、そのまま紹介させていただきます。

十二下りのお歌が出来た時に、教祖は、

「これが、つとめの歌や。どんな節を付けたらよいか、皆めいめいに、思うように歌《うと》うてみよ。」

と、仰せられた。そこで、皆の者が、めいめいに歌うたところ、それを聞いておられた教祖は、

「皆、歌うてくれたが、そういうふうに歌うのではない。こういうふうに歌うのや。」

と、みずから声を張り上げて、お歌い下された。次に、

「この歌は、理の歌やから、理に合わして踊るのや。どういうふうに踊ったらよ

いか、皆めいめいに、よいと思うように踊ってみよ。」

と、仰せられた。そこで、皆の者が、それぞれに工夫して踊ったところ、教祖は、それをごらんになっていたが、

「皆、踊ってくれたが、誰《だれ》も理に合うように踊った者はない。こういうふうに踊るのや。ただ踊るのではない。理を振るのや。」

と、仰せられ、みずから立って手振りをして、皆の者に見せてお教え下された。

こうして、節も手振りも、一応皆の者にやらせてみた上、御みずから手本を示して、お教え下されたのである。

これは、松尾市兵衛《まついちべえ》の妻ハルが、語り伝えた話である。

おさしづ

おさしづ（お指図）は親神様のお言葉であることは同様ですが、その内容や形式はおふでさきやみかぐらうたと大変違ったところがあります。前二者が教祖のお手にな

るのに対し、おさしづは教祖ならびに本席・飯降《いぶり》伊蔵《いぞう》様の天啓のお言葉を、おそばの者が筆記したものであります。

これを形の上から見ますと、おふでさきやみかぐらうたが、いずれもお歌の形式であるに対して、おさしづは散文となっています。長いのも短いのもあります。

内容の上から見ますと、おふでさきとみかぐらうたに説かれた教理は、簡単に、しかも厳粛《げんしゅく》に要素のみが示されていますが、おさしづはこと細かく、かんで含めるように説明され、それでわからなければ、同じ意味のことを角度を変えて、懇切《こんせつ》にお説き明かしくださっています。

その重点は、教理をいかに実行するかという信仰実践の面が多く、また人間生活の実際問題に即してお説きくださっており、それだけに具体的であります。

おさしづには刻限ばなしと申しまして、親神様から時に応じて、肝心な問題について、人間に誤りなきようにとお話しくだされたものと、人間がさまざまの問題についてお伺いして、お指図を仰いだのに対してお答えくだされたものと二種類あります。

このおさしづは、明治二十年一月四日から明治四十年六月九日までにわたっており、現在では七巻の本にまとめられています。

ここで本席飯降伊蔵様のことについて、少し記しておきます。

本席様は元治元年（一八六四年）、奥様の産後の患いから入信され、天理教の最初の神殿ともいうべきつとめ場所の普請などに努力されました。やがて教祖のお言葉により、家族全員でお屋敷に入りこまれ、あまり目立たない仕事に精を出されました。

こうして教祖のおそばに生涯仕えられたのでありますが、明治二十年、教祖がお姿を隠されたのちは、本席という尊い理をいただかれ、二十年にわたって天啓を受けて親神様のお言葉（おさしづ）を述べられたのであります。

天理教の教会

教会の意義

天理教の教会は、教会名称の理とも申します。そして、どんな教会でもおぢばから設立のお許しを戴《いただ》くのであります。しかも、その理は末代であります。おぢばに設置されているのが教会本部で、おぢばを根源とし、教会本部を中心として、世界各地に教会が設立されてゆくのです。ちょうど根から、どこまでも枝葉が伸び栄えてゆく姿にたとえることができるでしょう。

教会は、国々所々におけるたすけ一条の取り次ぎ場所であり、たすけ一条の道場であります。すなわち、おぢばの声が各地の教会を通して全世界に伝えられ、広められて、親神様の世界一れつをたすけるという御業《みわざ》が進められてゆくのです。

教会につながる者が互いに信仰の喜びを分かち合い、励まし合い、一致協力して進んでゆくところ、教会は土地所における理想社会の縮図となり、陽気ぐらしの雛型《ひながた》の場所となるのです。

教会の成り立ち

天理教の教会の大半は、天理教のよふぼくがだんだん熱心になり、布教意欲に燃えて、商売や勤めをやめて見知らぬ土地へ布教に出たり、あるいは同じ土地で専心布教に従事して、一人また一人とおたすけをすることから始まります。はじめは何もないのです。

そうして、たすけられた信者が寄り集い、みんなの真実によって土地や建物ができ、芯《しん》となる人が教会長となって、おぢばで名称の理のお許しを戴くのです。そして教会の運営は、すべてたすけられた信者の真実によって行われます。

しかし、神社の氏子《うじこ》が神社を運営するのと違って、教会は会長の信仰と指導力によって動いています。確定した収入はなくても、ご恩報じのおつくしによって、教会の目的であるおたすけが進められてゆきます。おつくしは上級教会を通じておぢばに運ばれ、すべてたすけ一条のご用に使われてゆきます。また日々おたすけに励むことによって、教会長はじめ教会のご用をつとめる人の生活も成り立っています。

何もないところから教会を設立するのですから、それまでには相当長い苦しい布教道中があるのは当然です。しかし、その中に磨かれた信仰の深さが大切なのです。ことに単独布教といって、単身あるいは家族づれで見知らぬ土地に出かけ、はじめは寝る所もなく駅や公園に野宿し、毎日水やパンくずを食しながら三年五年、苦労のどん底を通りきる道中を通って設立した教会が非常に多いわけですが、それもたすけられた喜び、たすける喜びがあるからのことです。

教会の姿

おたすけに当たっては、病人のために進んで断食したり、上級教会へ何十キロも歩いて日参したりする例もよく見られます。これは布教中でも教会になってからでも変わりません。しかし、それをつらいと思うことはないのです。これでこそ教祖《おやさま》のひながたの万分の一でも通れると勇んでいるのです。

だから教会には、病人はもちろん、各種の悩みを持った方がこられます。そして神様のお話を聞き、心を入れ替えて、教えに基づいた実行をして、親神様・教祖のご守護をいただいてゆく所であります。

教会長夫婦は、朝から晩までおたすけを心においていますから、夜分おそく起こされておたすけを依頼されても、嬉々《きき》として飛び出してゆきます。こうしてたすけられた方が十の喜び・感激を持ったとき、会長のほうは百の喜び・感激を持って親神様・教祖にお礼申しあげ、ここに人間最高の喜びと幸せがあると実感しつつ通っているのです。

熱心な信者・よふぼくも、会長を芯にしてご用に励み、同じ喜びを味わうようつとめています。教会の後継者や若い布教師が、先人にならって単独布教につとめている姿も多く見られます。

こういう教会が現在約一万七千あります。世界各地に教会が次々と設けられ、繁華な街中でも、不便な農山村でも、至る所で教会のおつとめの陽気な歌声が流れてゆくのです。

やまのなかでもあちこちと
てんりわうのつとめする
（九下り目　8）

天理教の教会

おぢば帰り

おぢば帰りとは

天理教ではにをいがけといって、全国のご家庭を訪れ、親神様の思召《おぼしめし》を伝えるべく努力しています。そして、全人類のおぢば帰りということをスローガンとして、各家庭をお訪ねした際、必ずおぢば帰りをしましょうと呼びかけ、お誘いすることに力を入れております。

なぜおぢば帰りに力を入れるのか。これには深いわけがあります。

日本には国もとを離れて遠い都市で働いている人が実にたくさんいます。それらの人がお正月やお盆休みになると、おそろしいまでの交通ラッシュを乗り越えて故郷の実家へ帰りますが、あれはなぜでしょうか。それは故郷に帰ることが、途中の交通の苦しさよりも大きな喜びであるからだと思います。だから、どんなに混んでも往復するのです。

ところで、そうして帰ってくる人を、もっと大きな喜びを持って待っておられるのが、故郷の親ではないでしょうか。今日《きょう》は子供や孫が帰ってくるかと、それこそ指折り数えて待っておられるのです。それが親の心というものですね。

ちょうど、それと同じく親里ぢば（ここに天理教教会本部があります）では、人間の親である親神様とご存命の教祖《おやさま》が、世界から帰ってくる子供たちをお待ちになっているのです。だから、おぢばに帰られた方は皆たすかるのです。

また、このおぢばへ帰らせていただいた証拠として、一名一人《いちめいいちにん》に証拠まもりを戴《いただ》くことができます。このお守りを常に肌身離さず身につけ、教祖の教えを心に守り、ひながたを歩ませていただくところに、常に教祖のご守護をいただくことができるのです。

歩けなかった病人が歩けるようになった。

離婚話で苦しんでいた夫婦が、お互いに心を入れ替えて円満になった。

いろいろなご守護をいただいた話をよく見聞きします。おぢば帰りは、お道の信仰の根源であり、尽きせぬ喜びの泉であります。

ポンポンポンと運命が上昇

しかし、よく考えてみますと、病人さんや事情に悩む人がたすかった、ご守護をいただいたと申しますが、それはもとの状態にもどったということではないでしょうか。つまり病気がよくなったということは、健康というもとの状態にもどったことを意味します。

これを数字で示しましょう。

健康な方、家庭の事情のない方を五とします。病人さんや事情に悩む人は、これよりマイナスですから三とします。この三の方がおぢば帰りをしてご守護いただいて健康になったら、それは五にかえった、もとにもどったということになるわけです。

マイナスの方がおぢば帰りをして、もとの五にもどるならば、はじめからマイナスのない健康な方、五の方がおちば帰りすれば、必ず七とか八とかにポンと運命がよくなっているに違いないと、私は堅く信じます。

一人で帰っても、それだけポンと上がる方が、近所の方や、まだおぢばをご存じない方をお誘いして共に帰られるならばどうなるでしょう。

一人で帰ればポン、二人ならばポンポンと運命が上がります。そこでにをいがけして二人以上の方をおつれしたならば、それこそポンポンのポンであると信じます。

では、そのポンとはいったい何か。運命がよくなり、寿命がのびるということです。だって病人がもとにもどって健康になったということは、運命がよくなり、寿命がのびたということでしょう。事情に悩む方の事情が解決し、悩み苦しみが喜びに変わったとすれば、これまた運命がよくなったということになります。

すばらしいご用

すると、人様にお勧めしておぢばにつれ帰ることが、自分自身はもちろん、その方の運命がよくなり、その方の寿命をのばすことになるのであります。

何というすばらしいことをさせていただくことになるか、そこに気づかねばならないのです。おぢば帰りは、このように世界の人々の運命がよくなり、寿命がのびることを願っての活動でありますから、私たちは大いに力をそそぎ、その結果おぢばがにぎわうという姿を見せていただきたいものです。

立派な社会的地位にある方は、それだけの責任を果たしておられるわけで、もちろん私は、そうした方々に敬意を表するにやぶさかではありません。

しかし私は、社会的にはどんなに無名であっても、天理教のよふぼくのつとめを果たし、人様の運命がよくなるよう、寿命がのびるためにも活動しておられる方々を、心から尊敬します。

たとえば職場で目立たぬ仕事をしておられるよふぼくの方であっても、夕方五時にサイレンが鳴ると外に出て、夜はにをいがけ、あるいはおぢば帰りのご用に努力しておられる方は、大臣や社長や学者にまさるとも劣らぬご用に生きておられるのです。

こういう人が一人でもふえれば、それだけこの世がすばらしくなると信じております。

理想の社会建設へ

福祉国家というが

福祉国家の建設ということが、やかましくいわれています。まことに結構なことですが、現在の日本は、まだその域に達しているとは申せません。

つらい境遇の交通遺児とか、一人ぼっちのさびしい老人。気の毒な人がたくさんおられます。その老人がひっそり出直したけれど、誰《だれ》も気がつかなくて一週間もすぎたとか、一家心中とか、毎日のように悲しい出来事が報じられています。

ところで世界的に見ますと、日本は福祉に関しては、ちょうどまん中くらいではないでしょうか。まだまだ努力しなければなりません。

あまりに貧困で多くの人が餓《う》え死にしてゆく国、住む家もなく地べたに寝ている人たちの群れ、こういう国は失礼ながら、独立国家としての力が乏しいということになります。

一方、福祉が隅々まで行き届いている国も相当あります。これらの国では、子供に先だたれて孤独な老人のために完備した老人ホームをつくり、働く力のなくなった人には十分な年金を出し、親のいない子供には子供のホームをつくる。また未亡人の家もある。いわゆる「ゆりかごから墓場まで」安心して生きてゆけるようになっています。

それは結構ではないかというようなものですが、それだけでは十分の満足を与えられないようです。と申しますのは、そんな福祉国家の恵まれた老人が、自殺する数が多いとか、アルコール依存症がふえる一方だとか聞きますと、これは何を物語るのか考えさせられます。

根本的な解決策

今、仮に福祉が立派に行われている国家があったとしても私は満点とは思いません。どうして満点としないかと申しますと、未亡人になってしまってから、子供に先だたれて老人一人になってから、親のない子になってしまってから、いくら大切に保護しても、やはり、その悩みと苦しみ、さびしさは消えないということです。なってしまってから慰められても、ほったらかされるよりは、はるかによいに違いありませんが、心の苦しさはどうにもならないのです。

未亡人の悩みは、未亡人でない人にはわからないでしょう。親のない子供のさびしさは、両親のある子供にはわからないでしょう。子供に先だたれた一人ぼっちの老人のさびしさは、子供のある人には察することはできないでしょう。

私のいいたいことは、そうした悲しい運命を持った人々を慰めたり保護しただけでは、すまされないものがあるということです。

なってしまった人を保護しているのでは、いつまでも追っかけっこでありましょう。極端なことを申しあげますと、そんなことにならないようにするのが、根本的な解決策ではないでしょうか。

陽気ぐらしの世界へ

天理教の信仰は、心の入れ替えによって、よい運命をつくることが目標です。この世に生まれてくる人々の、よい運命づくりであります。悪いんねんから善いんねんへの切りかえであります。

生まれてきた人々がよい運命を持つ。たとえば年をとるまでは、一人も欠けずに健康に生かしていただくとしますと、若い未亡人もいなくなり、したがって親のない子供もいなくなるし、当然一人ぼっちのさびしい老人もいなくなるでしょう。

国家の力で立派な老人ホームや子供のホーム、あるいは未亡人の家をつくることも大切ですが、それだけで足れりとするわけにはまいりません。

皆がよい運命になって、いつまでも健康に生きるなら、そうしたさびしい運命を持った人がなくなります。そうなれば施設に入る人がありません。これが、すなわち私のいう理想の社会です。こういう社会が、陽気ぐらしの社会といえるのではないかと思います。そして、この陽気ぐらしの社会をつくろうと努力しているのが、天理教の布教なのです。

現在の姿からは夢であり、飛躍していると思われる方があるでしょうが、私たちの布教伝道が悪いんねんから善いんねんへの切りかえの道であることを信じるとき、必ずこうした世界・社会が生まれると思わずにおれません。それが生まれ出すところまで努力するのが、私たちの責任であります。

岩井孝一郎（いわい・こういちろう）
明治35年（1902年）生まれ。大正13年（1924年）、おさづけの理拝戴。昭和53年（1978年）、本部員に登用される。その間、文書布教委員会委員、よのもと会講演部長、同会副委員長などを歴任。
昭和63年（1988年）10月、86歳で出直す。
著書に『岩井孝一郎家庭三部作（妻と夫・親と子・嫁と姑）』などがある。

天理教《てんりきょう》の信仰《しんこう》

立教138年（1975年） 1月23日 初版第1刷発行
立教169年（2006年） 9月26日 第2版第1刷発行

著　者　岩井孝一郎《いわいこういちろう》

発行所　天理教道友社
〒632-8686　奈良県天理市三島町271
電話　0743(62)5388
振替　00900-7-10367

TENRIKYO DOYUSHA

印刷所　株式会社天理時報社
〒632-0083　奈良県天理市稲葉町80

ISBN 4-8073-0514-X
定価はカバーに表示